선생님의
돈 공부

선생님의 돈 공부

천상희 × 김선 × 이지예 × 한수연

수업은 끝났고요,
🙂 재테크 중입니다

창비교

프롤로그

교직을 성직처럼 여기고 돈과는 거리가 먼 직업으로 생각하던 때가 있었습니다. 교직생활을 하다 보면 생기는 교사들만의 돈에 대한 고민들도 대대로 구전되는 선배 교사들의 해법을 상식처럼 받아들여 해결하는 경우가 많았습니다. 하지만 이제는 교직도 엄연히 하나의 직업이며 돈을 벌기 위한 수단이라는 실용적 가치관이 자리 잡았습니다. 이런 가치관의 변화는 자연스럽게 교사들의 재무 설계에 대한 관심으로 이어지고 있습니다.

이 책은 교사에게 딱 맞는 재무 설계를 연구하고 돕는 경제금융교육연구회 소속 소모임 '재무 읽어 주는 교사(재읽교)'에서 엮었습니다. 방학 때마다 경제 교육에 대한 실천 사례, 부동산 투자와 주식 투자, 교사 맞춤형 재무 설계에 대한 연수를 열면서 점점 선생님들이 느끼는 돈 관리의 필요성이 커진다는 것을 실감합니다.

재무 설계란 자신의 수입과 지출을 파악하고 목표를 달성하기 위해 현금 흐름을 통제하는 돈 관리, 그 이상의 의미를 가집니다. 인간은 살아가면서 수많은 행위를 하고 관계를 맺는데, 이는 대부분 돈을 매개로 이루어집니다. 그렇기 때문에 돈을 관리한다는 것은 자신의 삶을 관리한다는 뜻이기도 합니다.

지금 이 순간 행복한 삶을 살기 위해서 돈 관리는 꼭 필요합니다. 또한 미래에 행복한 삶을 유지하기 위해서도 돈 관리자가 반드시 필요합니다. 여기에 교사라는 직업의 특성을 살린 재무 설계를 해 나간다면 더욱 좋을 것입니다.

하지만 교직 맞춤형 경제 정보는 극히 부족한 것이 사실입니다. 선생님들과 상담을 하다 보면 교직의 특수성을 고려하지 않은 일반적인 관점의 재무 상담을 경험하고 만족도가 떨어졌다는 분들이 종종 있습니다.

교사의 마음은 교사가 더 잘 아는 것처럼 교사를 위한 재무 설계 또한 교직을 잘 이해하는 사람이 더 잘 할 수 있다고 생각합니다. 이러한 생각으로 지난 3년간 '재읽교' 소속 선생님들과 '교사 맞춤형 재무 설계'라는 주제로 연구와 상담을 진행해 왔습니다. 최대한 정확한 정보와 과학적 근거를 바탕으로 교사 맞춤형 재무 설계의 해법을 찾기 위해 노력해 왔습니다. 저희의 경험과 연구 결과를 이 책을 통해서 선생님들과 나누고자 합니다.

이 책은 총 4개의 부로 구성되어 있습니다. 1부에서는 월급 명세서부터 재무 설계 과정, 교사들의 수입과 지출 통계까지 수입과 지출 관리를 위해 기본적으로 알아야 할 내용들을 담았습니다. 2부에서는 선생님들을 대상으로 진행한 재무 상담 사례들을 통해 재무 관리와 고민의 해법을 마련했습니다. 3부에서는 교사라면 알아야 할 돈과 관련된 제도와 상식을 담고 있습니다. 4부에서는 선생님들에게 가장 많이 받았던 질문과 가장 도움이 될 만한 질문을 선별해 답했습니다.

이 책의 해법들이 완벽할 수는 없겠지만 교사를 위한 재무 관리, 맞춤형 재무 설계의 기초를 마련하는 초석이 되었으면 좋겠습니다. 이 책을 주춧돌 삼아 선생님 각자의 돈 관리가 단단하고 멋지게 완성되길 바랍니다.

3부 교사라면 꼭 알아야 할 재무 상식

4부 교사의 재무 관리, 무엇이든 물어보세요

1부

교사의 돈 관리,
기초부터 다지기

17일의
급여명세서

휴대전화에서 반가운 알림이 울립니다. 기다리고 기다리던 17일, 급여가 들어오는 날이에요. 치솟는 물가에 비하면 턱없이 적다고 느껴지지만 소중한 돈이죠. 대출이자, 적금, 신용카드 대금으로 금방 통장을 스쳐 지나가겠지만 그래도 왠지 모르게 콧노래가 나옵니다. 지난달 초과근무를 했으니 조금이나마 급여가 올랐으리라 기대하며 급여명세서를 확인해 봅니다.

　여러분은 평소에 급여명세서를 확인하시나요? '공무원 월급이야 빤한데 굳이 명세서까지 볼 필요가 있나? 알아서 잘 주겠지.' 하신다면 지금부터라도 다시 생각해 보세요. 급여는 정해진 법령 등에 따라 지급되지만 행정실에서 급여 작업을 하다 보면 놓치는 부분이 생기기도 합니다. 어디까지나 사람이 하는 일이다 보니 어쩔 수 없는 경우가 있죠.

지난달에 빠져나갔어야 할 돈이 이번 달에 빠져나가서 예상치 못하게 실수령액이 줄었다거나 받아야 할 수당이 들어오지 않았다거나 하는 경험을 한 번씩은 해 보셨을 겁니다. 평소에 급여명세서의 항목을 잘 이해하고, 급여가 들어올 때마다 명세서를 제대로 확인한다면 예기치 못한 사고를 피하고, 본인이 열심히 근무한 대가를 똑똑하게 챙길 수 있습니다.

급여명세서 항목 파헤치기

교육부 소속 공무원의 급여는 매달 17일에 지급됩니다. 보수 지급일이 토요일, 공휴일이라면 그 전날 급여를 미리 받죠. 급여명세서는 나이스(NEIS)에서 확인할 수 있습니다. 간혹 이번 달 급여명세서가 보이지 않을 때가 있는데, 너무 당황하지 않아도 됩니다. 행정실에서 당월 급여 작업을 아직 마치지 않았기 때문이거든요. 급여 작업이 마무리되는 대로 바로 확인할 수 있습니다.

나이스의 '급여-지급명세서' 항목으로 들어가면 급여명세서가 있습니다. 급여를 월별로 한눈에 비교하려면 '급여-년도별급여총지급현황'에서 확인합니다. 급여명세서에는 급여내역, 세금내역, 공제내역, 실수령액 등이 있습니다. 그럼 이제 급여명세서를 보면서 여러 가지 항목을 파헤쳐 봅시다.

급여명세서

급여지급년월 ○○○○년 ○○월 성명 ○○○

[○○○○학교][특정직 / 교사 / ○○호봉 / ○○○○년]

공무원구분	행정부 국가공무원	급여관리구분	호봉제	급여직종구분	국공립 교원	최초임용일	○○○○. ○○.○○
기관명	○○○○ 학교	급여관리기관	○○ 교육지원청	직위	교사(○○)	현직급임용일	○○○○. ○○.○○
보직구분	담임교사	담당과목		교원구분	교사 (○○○○)	현직위임용일	○○○○. ○○.○○

세부내역

급여내역		세금내역		공제내역	
본봉		소득세		일반기여금	
정근수당 가산금		지방소득세		건강보험	
정액급식비				노인장기요양보험	
교직수당				교직원공제회비	
교직수당(가산금4)				기타 공제	
시간외근무수당(정액분)					

급여총액	세금총액	공제총액
실수령액		

급여내역 본봉과 각종 수당을 합한 금액

① 본봉 : 직무의 곤란성과 책임의 정도 및 재직기간 등에 따라 계급별, 호봉별로 지급되는 봉급, 기본급여입니다.

② 정근수당 : 공무원의 노고에 대해 보상하는 수당. 매년 1월과 7월에 지급합니다.

③ 정근수당 가산금 : 2024년부터 5년 미만 근무 시에도 받을 수 있으며 매월 지급됩니다.

④ 정액급식비 : 공무원은 월 14만 원의 정액급식비를 받습니다.

⑤ 교직수당 : 교사로서의 업무를 수행해 받는 수당. 예를 들어 '가산금2'는 보직교사로서 받는 수당으로 월 15만 원, '가산금4'는 담임교사로서 받는 수당으로 월 20만 원이 지급됩니다.

⑥ 시간외근무수당(초과분) : 근무시간 외 초과로 일한 시간만큼 받는 돈. 1일 4시간, 1개월 57시간의 근무명령시간을 초과할 수 없습니다.

⑦ 시간외근무수당(정액분) : 퇴근시간 이후에도 일정 시간 근무를 한다고 가정해 월 10시간분을 정액으로 지급하는 것입니다. 실제로 초과근무를 하지 않아도 지급됩니다.

⑧ 교원연구비 : 「교원 지위 향상을 위한 특별법」, 「교원 예우에 관한 규정」에 의해 국립학교 소속 교원에게 지급하는 연구비입니다.

⑨ 성과상여금 : 작년 근무 및 업무 성과에 따라 등급을 나누며, 등급별로 차등지급됩니다. 학교별로 성과상여금을 지급하기 위한 평가기준이나 성과상여금의 차등지급률 등이 다릅니다.

⑩ 명절휴가비 : 설날 및 추석에 재직 중인 공무원에게 지급합니다. 본봉의 60%에 해당하는 금액을 받을 수 있습니다.

⑪ 휴직수당 : 휴직 종류에 따라 지급되는 수당이 각각 다릅니다. 유급휴직일 경우에만 받을 수 있습니다.

⑫ 가족수당 : 부양가족이 있다면 받을 수 있습니다. 지급 가능한 부양가족의 수는 4명 이내이지만 자녀의 경우에는 4명을 초과하더라도 지급합니다.

세금내역 주로 소득세와 지방소득세를 합한 금액

① 소득세 : 개인이 한 해 동안 번 돈에 대해 매기는 세금. 소득세 기본세율은 사람마다 다를 수 있는데, 보통 100%로 설정된 원천징수 비율에 따라 소득세를 매달 납부합니다. 그리고 추후 연말정산을 통해 산출된 최종 세액에 따라 세금을 더 내기도, 다시 돌려받기도 합니다.

② 지방소득세 : 소득세액의 10%에 해당하는 금액입니다.

공제내역 일반기여금(공무원연금)과 건강보험, 노인장기요양보험 등이 포함되며, 개인별로 내는 교직원공제회비(장기저축급여, 대출 등)나 학교별로 정한 친목회비 등을 합한 금액

① 일반기여금 : 추후 공무원연금공단으로부터 받을 공무원연금을 위해 납부하는 돈. 공무원으로 임명된 날부터 퇴직 또는 사망하는 날까지 내야 합니다.(다만, 기여금 납부기간이 36년을 초과하면 납부가 종료됩니다.) 2024년 기준 「공무원연금법」에 따르면 기준소득월액*의 9%에 해당하는 금액을 기여금으로 냅니다. 정부는 보수예산의 9%인 연금부담금을 부담합니다. 보수예산이란 공무원의 보수와

---

* 급여 중 비과세 근로소득을 제외한 금액을 평균적으로 책정한 금액입니다.

수당, 그 밖에 지급되는 급여를 합한 예산입니다. 요율은 같으나 통상 기여금보다 연금부담금이 많이 징수됩니다. 공무원연금공단을 통해 자신이 납부한 기여금을 확인하거나 기여금에 대한 내용을 문의할 수 있습니다.

② 건강보험 : 국민의 질병이나 부상으로 인한 진료비 혜택을 위해 의무적으로 내는 돈입니다. 공무원과 고용주인 국가가 3.545%씩 절반으로 나누어 부담합니다.

$$건강보험료 = 보수월액^* \times 건강보험료율$$

(2024년 기준, 건강보험료율은 7.09%)

③ 노인장기요양보험 : 고령, 질병으로 고생하는 노인들에게 신체 활동 또는 가사 활동을 지원하기 위해 의무적으로 내는 돈입니다.

$$장기요양보험료 = 건강보험료 \times 장기요양보험료율 \div 건강보험료율$$

(2024년 기준, 장기요양보험료율은 0.9182%)

④ 교직원공제회비 : 교직원공제회의 장기저축급여 가입이나 대출상환 등으로 빠져나가는 돈입니다.

⑤ 교원연합회비 : 교원단체 회비 등으로 빠져나가는 돈입니다.

⑥ 기타 공제 : 학교 내 친목회비 등으로 빠져나가는 돈입니다.

실수령액 급여총액에서 세금총액과 공제총액을 제외한 금액

_____

* 당해연도에 종사한 기간 중 받은 보수총액을 해당 기간의 월수로 나눈 금액입니다.

정근수당의 경우, 본봉에 비례하기 때문에 저경력일 경우에는 월급에 큰 차이가 없어요. 하지만 근무 기간이 10년 이상이면 본봉의 50%까지 오르니 점점 1월과 7월이 기다려지겠죠?

교직수당을 보면 보직교사나 담임교사 수당이 너무 적다는 생각에 다들 공감하실 겁니다. 심지어 담임교사 수당은 19년째 동결이지요. 물가와 교육 현장의 상황을 반영해서 수당이 현실화되면 좋겠습니다. 그러기 위해서 교사들의 목소리를 더 크게 내야겠지요.

초과근무를 해야 할 때는 초과근무 전에 나이스 시스템에서 관리자의 사전 결재를 받으세요. 부득이한 경우, 사후 결재도 가능하지만 미리 승인받는 것이 더 좋습니다. 수당이 지급되는 일이기 때문에 사전 계획에 의해 초과근무 개시 전까지 초과근무 승인을 받는 것이 기본 원칙입니다.

시간외근무수당(정액분)은 출근 근무일수가 15일 이상일 때 전액 지급됩니다. 하루에 8시간을 근무해야 출근 근무일수 1일이 인정되고요. 15일 미만인 경우에는 모자라는 매 1일마다 15분의 1에 해당하는 금액을 감액해서 지급합니다.

출근 근무일수에 포함	출장, 육아시간, 모성보호시간
출근 근무일수에 미포함	강등, 정직, 직위해제, 휴직, 연가, 병가, 공가, 특별휴가, 대체휴무, 방학, 결근

처음에는 급여명세서를 자세히 살펴보는 것이 낯설고 어려울 수 있습니다. 하지만 한 번 제대로 알아 둔다면 그 후로는 급여명세서 속 여러 내역들이 눈에 쉽게 들어올 것입니다. 나를 알고 내 급여를 제대로 파악하는 것은 내 자산을 지키고 불리기 위한 첫걸음입니다.

간혹 예상한 급여가 들어오지 않는 경우가 생길 수도 있습니다. 이런 경우 행정실의 급여 담당자에게 문의해서 빠진 금액을 소급 적용해 받아야 합니다. 혹시 예전에 받지 못한 내역이 있다면 3년 이내의 것은 소급 적용해 받을 수 있으니 시기를 놓치지 말고 확인하면 됩니다.

월급은 금액의 많고 적음을 떠나서 스스로가 마땅히 챙겨야 하는 부분입니다. 교사로 임용된 후 교직 경력이 쌓일수록 수당의 액수는 점점 커집니다. 또 결혼으로 배우자가 생기거나 출산으로 자녀가 태어나면 받을 수 있는 수당의 종류는 다양해집니다. 모든 선생님이 '내 밥그릇은 내가 알아서 챙긴다!'라는 생각으로 급여명세서를 잘 이해하고 소중한 급여를 제대로 받는 기쁨을 누리셨으면 좋겠습니다.

급여에 관한 자료 더 알아보기

유치원·초등학교·중학교·고등학교 교원 등의 봉급표

(제5조 및 별표 1 관련)

2024년 기준, 월 지급액

호봉	봉급	호봉	봉급
8	219만 3,500원	25	387만 3,600원
9	224만 7,400원	30	452만 7,800원
15	271만 700원	35	520만 9,500원
20	326만 5,300원	40	582만 1,200원

교원의 호봉 = 환산경력연수+[(총수학연수-16)+가산연수]+기산호봉

- 환산경력이란? 교사, 강사, 공무원, 군복무, 연구 등의 경력을 정해진 환산율에 따라 환산한 경력
- 총수학연수란? 초등학교부터 최종학교를 졸업할 때까지 학업을 마친 법정 연한을 더한 것
- 가산연수란? 교육대, 사범대 등을 졸업한 경력에 따라 더하는 연수
- 기산호봉이란? 정교사(1급), 정교사(2급) 등 교육공무원의 자격별로 주어지는 호봉
  예) 4년제 교육대학교를 갓 졸업한 정교사(2급) 자격의 신규 초등교사 초임호봉
  　　0+[(16-16)+1]+8 = 9(호봉)

정근수당 지급 구분표(제7조 관련)

근무연수	지급액	근무연수	지급액
1년 미만	미지급	7년 미만	월 봉급액의 30%
2년 미만	월 봉급액의 5%	8년 미만	월 봉급액의 35%
3년 미만	월 봉급액의 10%	9년 미만	월 봉급액의 40%
4년 미만	월 봉급액의 15%	10년 미만	월 봉급액의 45%
5년 미만	월 봉급액의 20%	10년 이상	월 봉급액의 50%
6년 미만	월 봉급액의 25%		

정근수당 가산금

근무연수	(군인을 제외한) 전 공무원의 월 지급액	비고
20년 이상	10만 원	
15년 이상 20년 미만	8만 원	
10년 이상 15년 미만	6만 원	추가 가산금 • 근무연수 20년 이상, 25년 미만: 월 1만 원 • 근무연수 25년 이상: 월 3만 원
7년 이상 10년 미만	5만 원	
5년 이상 7년 미만		
5년 미만	3만 원	

1월 정근수당 지급대상	① 1월 1일 공무원의 신분을 보유하고 봉급이 지급되는 사람 중 ② 전년도 7월 1일~12월 31일 기간 중 1개월 이상 봉급이 지급된 공무원
7월 정근수당 지급대상	① 7월 1일 공무원의 신분을 보유하고 봉급이 지급되는 사람 중 ② 해당 연도 1월 1일~6월 30일 기간 중 1개월 이상 봉급이 지급된 공무원
지급금액	정근수당액 × 실제 근무한 기간(개월) ÷ 6(개월) — 신규 임용, 휴직 등으로 실제 근무하지 않은 기간(개월)은 정근수당이 차감됨
정근 수당액 예시 (2024년 기준)	• 신규 교사(9호봉)→ 정근수당 미지급 • 2년 차 교사(10호봉)→ 228만 5,900원 × 5 ÷ 100 = 11만 4,295원 • 7년 차 교사(15호봉)→ 271만 700원 × 30 ÷ 100 = 81만 3,210원 • 12년 차 교사(20호봉)→ 326만 5,300원 × 50 ÷ 100 = 163만 2,650원

초과근무수당 지급 단가

2023년 기준

직종	계급 · 직무등급		시간 외(시간당)
교원 (초 · 중등)	교감, 장학관, 교육연구관		1만 4,918원
	교사, 장학사, 교육연구사	30호봉 이상	1만 3,963원
		20~29호봉	1만 3,007원
		19호봉 이하	1만 1,710 원

교원연구비 지급단가 (제3조 관련)

2023년 기준

구분		유·초등교원	중등교원
교장		7만 5,000원	6만 원
교감		6만 5,000원	6만 원
수석교사		6만 원	6만 원
보직교사		6만 원	6만 원
교사	5년 이상	6만 원	6만 원
	5년 미만	7만 5,000원	7만 5,000원

등급별 차등지급률에 따른 성과상여금

2023년 기준

등급 차등 지급률	S등급 30%	A등급 50%	B등급 20%
50%	489만 5,300원	409만 9,320원	350만 2,330원
100%	557만 1,890원	397만 9,920원	278만 5,490원

가족수당 지급 구분표 (제10조 1항 관련)

적용 범위	부양 가족		월 지급액
국가공무원 (재외공무원 제외)	배우자		4만 원
	배우자 및 자녀를 제외한 부양가족 1명당		2만 원
	자녀	첫째 자녀	3만 원
		둘째 자녀	7만 원
		셋째 이후 자녀	11만 원

호봉에 따른 실수령액 예시

2024년 기준

호봉	급여내역				세금내역	공제내역		실수령액
	본봉	정근수당 가산금	교직 수당	교직수당 (가산금4)	소득세 및 지방 소득세	일반 기여금	건강보험 및 노인장기 요양보험	
9	225만 원	3만 원	25만 원	20만 원	26만 원	27만 원	12만 원	208만 원
15	271만 원	5만 원	25만 원	20만 원	31만 원	33만 원	14만 원	243만 원
21	338만 원	6만 원	25만 원	20만 원	36만 원	40만 원	18만 원	295만 원
24	375만 원	6만 원	25만 원	20만 원	44만 원	46만 원	20만 원	316만 원
30	453만 원	10만 원	25만 원	20만 원	50만 원	55만 원	24만 원	379만 원
35	521만 원	10만 원	25만 원	20만 원	58만 원	64만 원	28만 원	426만 원
40	582만 원	10만 원	25만 원	20만 원	64만 원	71만 원	31만 원	471만 원

- 대략적인 금액을 만 원 단위로 나타낸 금액으로 실제와 다소 차이가 날 수 있습니다.
- 담임교사임을 가정하여 교직수당(가산금4)을 일괄 지급했습니다.
- 부장교사일 경우, 교직수당(가산금2) 15만 원을 더해야 합니다.
- 정액급식비, 시간외근무수당(정액분), 교원연구비, 가족수당 등은 급여내역에서 제외했습니다.
- 실제급식비, 교직원공제회비(장기저축급여, 대출 등), 기타(친목회비 등)는 공제내역에서 제외했습니다.

돈 관리 초보 샘을 위한
재무 설계 프로세스

교직생활을 떠올리면 어떤 순간들이 생각나나요? 첫 발령 후 학교를 방문했던 날, 반 아이들과 처음 만났던 날, 그 아이들의 졸업식 등 수많은 순간이 떠오를 거예요. 처음으로 월급을 받았던 날도 빠뜨릴 수 없죠. 첫 월급으로 설렌 분도 있고 실망했던 분도 있겠지만 모두 공통점은 있습니다. 나날이 줄어드는 통장 잔고에는 허탈함을 느낀다는 겁니다. 각종 공과금, 신용카드 대금, 대출금 등으로 소중한 월급이 순식간에 사라지는 경험을 하게 되니까요. 이러한 경험은 신규 교사뿐만 아니라 수년을 일해 온

교사들 역시 마찬가지입니다.

하지만 모든 교사가 똑같은 굴레 속에 있는 것은 아닙니다. 누군가의 월급 통장은 해리포터의 델레트리우스 마법을 당한 것처럼 매달 소멸되지만, 또 다른 누군가는 알로하모라 마법으로 굴레를 벗어나 자물쇠를 끊고 경제적 자유에 가까워집니다.

『돈의 속성』이라는 책에서는 돈을 하나의 인격체로 묘사합니다. 돈은 자신을 소중하게 아끼고 보살피는 주인을 만나면 그 사람에게 오랫동안 머무르려 하고 심지어 친구들도 데려오지만, 반대의 경우엔 원심력을 갖고 점점 빠르게 빠져나간다고 설명하죠. 아마도 돈을 지킬 인격과 습관을 갖추지 못하면 부를 얻을 수 없음을 강조하는 이야기일 것입니다.

매달 월급 통장 속에서 일어나는 마법을 나에게 유리하게 만들고 돈의 속박에서 조금씩 벗어나기 위해서는 돈을 아끼고 보살펴야 할 것입니다. 그러기 위해 가장 중요하면서도 기초적인 방법은 돈의 상태와 흐름을 정확하게 파악하는 것입니다.

나의 재무 상태 파악하기

여러분은 본인의 재무 상태를 제대로 파악하고 있나요? 만약 이 질문에 자신 있게 긍정의 대답을 할 수 있다면 이미 돈 관리를 위한 가장 중요한 습관을 가지고 있는 겁니다. 자신의 재무 상태를 파악하는 것은 돈 관리의 핵심 중 핵심이거든요. 지금까지 자신이 쌓은 부가 얼마나 되는지, 한 달에 얼마만큼의 돈이 들어오고 얼마만큼의 돈이 나가는지, 즉 돈의 흐름을 잘 알고 있는 것이죠.

사실 본인의 재무 상태를 파악한다는 것은 말처럼 쉬운 일이 아닙니다. 오히려 한동안 정리하지 않고 방치해 온 방을 정리해야 할 때처럼 어디서부터 어떻게 손을 대야 할지 막막하기 쉽지요. 하지만 금전적인 목표를 세우고 이루려 한다면 반드시 거쳐야 할 과정입니다. 지금부터 나의 소중한 돈을 아끼고 보살피는 과정을 차근차근 같이 살펴보겠습니다.

필요한 수준에서 간단하게 재무 상태 파악하기

재무 상태는 현재 나에게 얼마만큼의 재산이 있고 빚이 있는지를 항목별로 나타낸 것입니다. 실제로 회계학에서 정리하듯 자산과 부채를 정확하게 파악하는 것은 그리 쉬운 일이 아닙니다. 부동산이야 어느 정도 정확한 시가를 파악할 수 있지만 자동차라든지 초 단위로 가격이 변하는 주식 같은 금융자산은 실제 가치를 매기는 것이 어려울 수밖에 없지요. 하지만 우리가 파악하려는 개인의 재무 상태는 기업이나 정부에서 하는 전문적인 분석과는 다르기 때문에 필요한 수준에서 간단히 정리하면 됩니다.

자동차는 중고로 팔 수 있지만 대부분의 경우 새로운 차를 구입할 때 현금화하며, 궁극적으로는 꾸준히 감가상각되기 때문에 생략하거나 대략적으로만 정리해도 무방합니다. 주식과 같은 금융자산도 큰 부자들이나 기업이 가지고 있는 것에 비해 규모가 크지 않기 때문에 가치 변동이 그리 의미 있다고 보기는 힘들 것입니다. 따라서 평가 시점에 대한 기준을 스스로 정해 가치를 평가해도 좋습니다. 다만, 과대평가보다는 과소평가를 하는 것이 나중에 재무 계획을 세울 때 조금 더 허리띠를 졸라매는 데 도움이 되겠죠?

만약 우리가 회계학에서 소개하는 방식으로 복잡하게 금융자산 가치를 평가한다면 재무 설계를 본격적으로 하기도 전에 지쳐 버릴 것입니다. 재무 상태를 파악하려는 목적은 현재 재무 상태를 바탕으로 적절한 재무 목표와 계획을 세우는 것이기 때문에 표로 간략하게 정리해도 충분합니다.

나의 재무 상태

자산		부채	
항목	금액	항목	금액
예·적금	1,000만 원	전세자금 대출	8,000만 원
전세보증금	1억 원	마이너스 통장	1,000만 원
주택청약	400만 원		
주식	3,500만 원		
교직원공제회+ 장기저축급여	1,500만 원		

나는 어디에 얼마를 쓰고 있을까? 현금 흐름 파악하기

자신의 재무 상태를 파악한 후 재무 목표를 세우면 실현 가능성이 더 높은 목표를 마련할 수 있습니다. 현재의 상황을 제대로 모르는 상태에서는 '10년 후 서울에 내 집 마련'처럼 막연한 목표를 세울 가능성이 높지만, 나의 상태를 파악한 후에는 '3년 동안 1억을 모아 입지가 좋은 ○○구 ○○동으로 전세를 옮기고, 6년 후에는 1억을 더 모으고 대출을 받아 ○○구 ○○동의 ○○억 하는 집을 사겠다.'와 같이 구체적인 목표를 세울 수 있습니다.

구체적인 재무 목표를 세우기 위해서는 재무 상태뿐만 아니라 돈의 흐름, 즉 현금 흐름도 잘 알고 있어야 합니다. 현금 흐름은 재무 상태보다 더 신경 써서 정확하게 파악할 필요가 있습니다. 현금 흐름을 제대로 알아야 매달 얼마씩 모을 수 있을지 판단할 수 있고, 이를 바탕으로 재무 목표를 달성하기 위한 구체적인 돈 모으기 전략과 계획을 세울 수 있기 때문입니다.

사실 현금 흐름을 파악하는 일은 이미 우리에게 익숙합니다. 어릴 적부터 용돈 기입장을 쓰거나 가계부를 작성해 본 경험이 한 번씩은 있을 테니 말이지요. 수입과 지출을 한 달 단위로 정리해 보면 현금 흐름을 파악할 수 있습니다.

지출 현황표

고정지출		변동지출	
각종 공과금 및 관리비	19만 7,000원	경조사용 저축	10만 원
각종 보험	9만 4,000원	개인 생활비	34만 원
교통비	7만 8,000원	국내 여행, 여행용 저축	13만 원
주택청약	10만 원	취미 생활	12만 원
휴대폰 및 인터넷 요금	6만 3,000원		
교직원공제회 장기저축급여 월 납입액	25만 원		
합계	78만 2,000원	합계	69만 원

현금 흐름을 정리할 수 있는 양식은 정말 다양합니다. 하지만 양식보다 중요한 것은 한 달 동안 어디에 얼마를 쓰고 있는지 정확하게 파악하는 것입니다. 처음에는 위와 같이 간단하게 고정지출과 변동지출 정도로 분류를 하고 이후 조금씩 자신만의 스타일로 발전시켜 나가는 것이 좋습니다.

단, 고정지출의 경우 매월 지출 금액과 항목에 큰 변화가 없지만 변동지출은 차이가 크기 때문에 한 달의 결과만으로 살피기보다는 지난 몇 달 간의 지출을 파악하여 평균적인 금액으로 정리하는 것이 좋습니다.

만약 위의 현금 흐름 파악 양식에 수입 항목을 추가하고 싶거나, 연 단위 지출 항목에 대한 기록을 별도로 하고 싶다면 다음과 같이 자신만의 스타일로 변형해서 사용할 수 있습니다.

연 단위 지출 내역을 포함한 지출 현황표

수입		지출					
		고정지출		변동지출		연 단위 각종 지출	
월급	245만 원	각종 공과금 및 관리비	19만 7,000원	경조사용 저축	10만 원	여행	150만 원
연 단위 각종 수입		각종 보험	9만 4,000원	개인 생활비	34만 원	부모님 생신	200만 원
성과 상여금	409만 원	교통비	7만 8,000원	국내 여행, 여행용 저축	13만 원	자동차 보험	100만 원
명절 휴가비	272만 원	주택청약	10만 원	취미 생활	12만 원		
정근 수당	45만 원	휴대폰 및 인터넷 요금	6만 3,000원				
		교직원공제회 장기저축급여 월 납입액	25만 원				
합계	726만 원	합계	78만 2,000원	합계	69만 원	합계	450만 원

재무 목표 설정하기

재무 상태와 현금 흐름을 파악하면서 현재 내가 재정적으로 어떤 상황에 놓여 있는지 객관적으로 살펴볼 수 있게 되었습니다. 그렇다면 이제 미래를 그려 봐야겠죠?

돈은 행복한 삶을 살아가기 위해 필요한 수단입니다. 그렇기 때문에 재무 목표를 세우기 전에 자신이 어떤 삶을 살고 싶은지부터 고민할 필요가 있습니다. 물론 자신이 지향하는 삶의 모습이 재무 목표와 직접적으로 이어지지 않을 수도 있습니다. 하지만 재무 목표를 세울 때 삶의 가치와 지향을 먼저 생각하는 것 자체만으로도 무엇을 위해 돈을 모으는지를 잊지 않게 하는 장치가 될 수 있습니다.

단기 재무 목표와 장기 재무 목표 모두 몇 년 후 달성을 목표로 하는지 정확한 기준이 있는 것은 아닙니다. 하지만 단기 재무 목표의 경우에는 너무 멀지 않은 미래로, 어느 정도 예측 가능하고 달성을 위한 동기를 유지할 수 있는 기간이면 좋습니다. 그래서 대체로 2~3년, 길어도 5년을 넘지 않는 기간으로 설정하도록 합니다.

단기 재무 목표는 예측 가능성이 큰 만큼 최대한 구체적으로 세우는 것이 좋습니다. 동기 유발의 효과도 있을 뿐만 아니라 목표 달성을 위한 구체적인 전략과 계획도 세울 수 있어 실현 가능성을 높일 수 있습니다.

장기 재무 목표의 경우에는 5년 이상의 먼 미래이기 때문에 예측이 어렵습니다. 지금처럼 빠르게 변하는 사회 환경과 금융 환경에서는 더더욱 그렇죠. 따라서 장기 재무 목표는 구체적인 형태로 세우기보다는 효율적인 재무 관리 방향을 설정하는 데 의미를 두고 목표를 세워도 좋습니다.

나의 재무 목표 설정하기

내가 추구하는 삶의 가치, 바라는 삶의 모습	• 여유로운 인생을 살고 싶다. • 정기적인 여행을 원하며, 문화적 혜택을 많이 누릴 수 있는 지역에 내 집을 마련해 안정되고 만족스러운 삶을 살고 싶다.
단기 재무 목표	• 3년간 6,000만 원을 모으고 부족한 금액은 대출을 받아서 ○○구 ○○동 ○○아파트로 전세를 옮길 것이다.
장기 재무 목표	• 10년 후에는 교통, 문화 입지가 좋은 ○○구 ○○동 ○○아파트를 매매하여 살 것이다.

예산서 작성하기

재무 목표를 설정했다면 그 다음 할 일은 목표 달성을 위해 계획을 세우는 것입니다. 그 계획을 작성한 것이 바로 예산서입니다. 예산서는 현금 흐름을 파악한 결과를 바탕으로 어디에 얼마나 쓸지를 미리 정해 놓는 것인데요, 예산서 양식을 따로 만들 필요는 없습니다. 현금 흐름 파악을 위해서 만든 양식을 그대로 써도 좋습니다.

예시로 제시한 다음의 '지출 계획'의 경우 앞서 제시한 '지출 파악'과 비교했을 때 27만 원 정도의 금액이 줄어들었습니다. 그만큼 저축 및 투자의 여력이 커진 겁니다. 교직원공제회 장기저축급여 월 납입액을 축소시키고, 개인 생활비와 여행용 저축도 조금씩 줄여 저축이나 투자를 늘리면 단기 재무 목표의 달성 가

고정지출		변동지출	
각종 공과금 및 관리비	19만 7,000원	경조사용 저축	10만 원
각종 보험	9만 4,000원	개인 생활비	30만 원
교통비	7만 8,000원	국내 여행, 여행용 저축	10만 원
주택청약	10만 원	취미 생활	12만 원
휴대폰 및 인터넷 요금	6만 3,000원		
교직원공제회 장기저축급여 월 납입액	5만 원		
합계	58만 2,000원	합계	62만 원

능성이 더 높아집니다.

만약 저경력 선생님이라면 월급 중 120만 원가량을 저축 및 투자에 쓸 여력이 생길 겁니다. 성과상여금, 명절휴가비, 정근수당 등의 비정기 수입도 모두 모으기로 결심한다면 1년에 2,000만 원 이상의 돈을 모을 수 있겠죠. 그러면 3년간 6,000만 원을 모은다는 재무 목표를 달성할 수 있을 것이고, 운이 좋다면 투자 수익까지 얻어 목표를 초과 달성할 수 있습니다.

결산서 작성 및 반성하기

작심삼일이라는 말이 있는 것처럼 계획보다 더 어려운 것은 실천입니다. 계획한 것을 제대로 실천하기 위해서 중요한 것은 반성하는 습관이죠. 내가 계획한 대로 지출을 했는지, 만약 그러지 못했다면 왜 계획대로 실천하지 못했는지 그 이유를 찾아봅니다.

결산서

고정지출		변동지출	
각종 공과금 및 관리비	19만 7,000원	경조사용 저축	15만 원
각종 보험	9만 4,000원	개인 생활비	42만 원
교통비	7만 8,000원	국내 여행, 여행용 저축	10만 원
주택청약	10만 원	취미 생활	12만 원
휴대폰 및 인터넷 요금	6만 3,000원	부모님 결혼기념일	10만 원
교직원공제회 장기저축급여 월 납입액	5만 원		
합계	58만 2,000원	합계	89만 원

계획대로 되지 않은 부분	• 경조사용 저축 • 개인 생활비 • 부모님 결혼기념일 식사비
그 이유	• 예상보다 결혼식이 1건 더 있었음 • 친구와의 약속이 많아 개인 생활비를 12만 원 더 사용함 • 부모님 결혼기념일을 예상하지 못해 더 사용함
수정 방향	• 애매한 관계의 지인 결혼식은 예상하기 쉽지 않음. 5만 원 정도 예산을 더 늘릴 것 • 친한 친구들과 자주 만난 만큼 다음 달에는 자제해서 예산대로 사용할 것 • 1년치 가족 행사를 예상해서 다달이 저축할 것

그러고 나서 다시 계획을 수정할 수 있습니다.

예산서와 결산서 작성을 반복하다 보면 자신의 현금 흐름을 정확하게 파악하는 것뿐만 아니라 계획에 따라 지출을 통제하는 능력도 향상될 것입니다. 그럴수록 재무 목표 달성 가능성도 높아질 것입니다.

더불어 예산서와 결산서 양식을 자기 스타일에 맞게 발전시킬 수도 있습니다. 앞서 제시한 양식은 최소한의 항목만 있는 예산서와 결산서이지만 한두 번 경험이 쌓이면 자신에게 맞는 양식을 만들 수 있습니다. 지출과 수입을 한눈에 볼 수 있게 항목을 추가한다거나, 1년 단위로 비정기 지출에 대한 계획을 세운다거나, 저축과 투자를 어떤 곳에 얼마씩 할지에 대한 구체적인 내역을 넣을 수도 있을 것입니다.

한눈에 보는
재무 설계 프로세스

1. **맹세하기!**

   월급을 그대로 두면 사라진다. 잘 아끼고 보살펴야 한다.

2. **재무 상태와 현금 흐름 파악하기**

   현재 나의 재산과 빚은 얼마나 되는지 정리한다.

3. **재무 목표 세우기**

   내가 달성하고 싶은 단기, 장기 재무 목표를 세워 본다.

4. **예산서 작성하기**

   재무 목표를 달성하기 위해서 월급을 어떻게 관리할지
   계획을 세운다.

5. **결산서 작성 및 반성하기**

   세운 계획 대로 제대로 실천했는지 확인하고 점검한다.

6. **새 예산서 작성 및 실천 반복하기**

   돈 관리 계획을 다시 세우고 실천한다. 또 점검한다.

다른 선생님들은 얼마나 쓰고
얼마나 모을까요?

그날이 왔습니다. 월급이 들어온 지 얼마나 됐다고 벌써 카드 대금이 빠져나가고 말았습니다. 이번 달은 꼭 보고 싶었던 공연을 무리해서 관람했더니 지난달보다 대금이 훌쩍 올랐네요. 아무래도 이번 달 적금은 건너뛰어야 할 것 같습니다. 옆 반 선생님은 알뜰살뜰 저축하면서 취미나 문화생활도 잘 즐기던데 도대체 나랑 무슨 차이가 있는 걸까요? 물어보고 싶은 마음이 굴뚝같지만 쉽게 입이 떨어지지 않습니다.

직접 물어보는 대신에 교사 커뮤니티에서 2019년과 2022년에 회원들을 대상으로 진행한 설문 조사를 살펴보았습니다. 다른 선생님들은 얼마나 쓰고, 얼마나 모으고 있는지 알아볼 수 있는 자료이지요. 결혼 유무에 따라 가족 구성원에 맞춰 저축과 소비 패턴이 달라지므로 기혼과 미혼 선생님들로 나누어 조사가 이루어졌습니다.

미혼 선생님은
한 달 동안 얼마나 안전자산(저축)에 투자하나요?

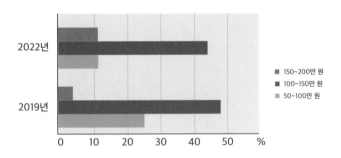

2018~2019년에는 현재의 행복과 개인의 소비에 집중하는 '욜로족'이 사회적으로 큰 인기를 얻었고, 2020년 말부터는 경제적 자유와 조기 은퇴를 원하며 저축에 집중하는 '파이어족'이 우리 사회의 큰 이슈가 되었습니다. 그래서인지 2022년 그래프에서 눈에 띄는 변화는 2019년에 비해 50~100만 원, 100~150만 원 두 구간의 저축 비중은 줄어든 반면 150~200만 원 구간 비

중은 늘어난 점입니다. 투자의 기본이 될 수 있는 종잣돈을 모으고자 저축액을 늘린 결과라고 볼 수 있겠습니다. 아끼고 절약하는 트렌드에 발맞춰 풍요로운 노후를 위해 저축에 힘쓰는 것이죠.

미혼 선생님은
한 달 동안 얼마나 위험자산에 투자하나요?

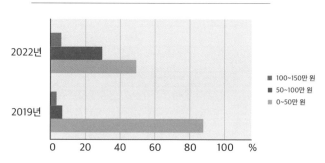

미혼 선생님들은 원금 손실이 있을 수도 있는 위험자산에는 얼마나 투자하고 있을까요? 2019년에 비해 0~50만 원 구간의 위험자산 투자 비중은 줄어들었으나, 50~150만 원까지두 구간의 비중은 늘어났습니다. 특히 50~100만 원 구간은3.8%(2019년)에서 30%(2022년)으로 대폭 증가했네요. 비용이크진 않지만, 위험자산 투자에 대한 미혼 선생님들의 관심이 폭발적으로 증가한 것을 알 수 있습니다.

다른 선생님들은 얼마나 쓰고 얼마나 모을까요?

설문 이후에 이루어진 상담에서는 부동산, 주식 등 자산의 급격한 가격 변동으로 벼락거지*가 되지 않을까 두려워하는 2030 선생님들이 많다는 것도 알 수 있었습니다. 급여는 물론 각종 수당까지 끌어모아 위험자산에 투자하는 선생님들이 늘어난 것이 데이터에도 반영된 것이지요.

미혼 선생님은 한 달 동안 얼마나 지출하나요?

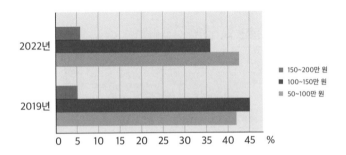

2019년에는 한 달 동안 50~100만 원을 지출하는 선생님들이 42.5%, 100~150만 원을 지출하는 선생님들이 45%, 150~200만 원을 지출하는 선생님들이 5% 비중을 차지하고 있었습

---

*   소득에 별다른 변화가 없었음에도 부동산과 주식 등의 자산 가격이 급격히 올라 상대적으로 빈곤해진 사람을 가리키는 신조어입니다.

니다. 반면, 2022년에는 한 달 동안 50~100만 원을 지출하는 선생님들이 43%, 100~150만 원을 지출하는 선생님들이 36%, 150~200만 원을 지출하는 선생님들이 5% 비중을 차지하고 있습니다. 인상적인 부분은 2019년에 비해 100~150만 원 구간의 지출 비중이 45%(2019년)에서 36%(2022년)로 감소한 것입니다. 허리띠를 꽉 다시 조여 매고 소비를 줄여 보고자 애쓰는 선생님들의 고군분투가 느껴집니다.

미혼 선생님은
한 달 동안 지출하는 식비가 얼마 정도 되나요?

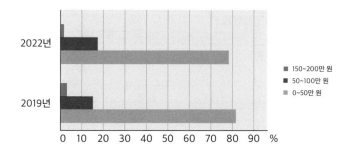

미혼 선생님들의 평균적인 식비는 어느 정도일까요? 2019년에 비해 150~200만 원 구간의 지출 비중이 없어지고, 가장 큰 비중을 차지한 0~50만 원 구간은 81%에서 79.5%로 줄어들었습니다. 기혼 선생님들에 비해 상대적으로 약속이 많은 미혼 선생님들의 외식 비용 비중이 줄어든 것은 코로나의 영향으로 보입니다. 배달음식 비용이 증가할 법도 하지만, 배달료 상승으로 1인 가구의 경우 배달음식 비용의 부담감이 상대적으로 커 오히려 식비 비중이 다소 줄어들었을 것입니다.

미혼 선생님이
한 달 동안 지출하는 용돈은 얼마 정도 되나요?

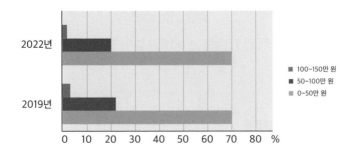

사고 싶은 것도, 하고 싶은 것도 많은 미혼 선생님들은 용돈을 얼마나 지출하고 있을까요? 2019년과 2022년 모두 0~50만 원 구간에서 평균 70%로 가장 많은 비중을 차지했습니다. 식비 항목과 비교해 보면 50~100만 원 구간에서 식비(평균 16.7%) 보다 용돈(평균 22.9%)이 조금 더 비중이 큽니다. 문화생활이나 운동 등 여가 생활에 더 많은 시간을 할애하는 미혼 선생님들의 라이프 스타일을 반영한 결과라고 할 수 있습니다.

기혼 선생님은
한 달 동안 얼마나 안전자산(저축)에 투자하나요?

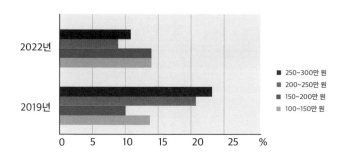

기혼 선생님들의 그래프는 미혼 선생님과 확연히 다른 모습입니다. 맞벌이를 하는 가정이 많아 기본적인 저축 금액이 확실히 높은 편입니다.

2019년과 2022년 모두 100만 원 이상 저축하는 선생님이 전체 중 50% 이상을 차지하고 있으며, 2019년에는 200~250만 원을 저축하고 있는 기혼 선생님들이 20.8%로 가장 많은 비중을 차지했습니다. 2022년에는 오히려 그 구간이 8.5%로 가장 적은 비중을 차지하고 있고요.

맞벌이 여부, 가족 구성원의 수, 교육비 투자 정도 등 다양한 요소가 영향을 미쳐 미혼 선생님들의 결과와 사뭇 다르게 나타난 점이 흥미롭습니다.

다른 선생님들은 얼마나 쓰고 얼마나 모을까요?

기혼 선생님은
한 달 동안 얼마나 위험자산에 투자하나요?

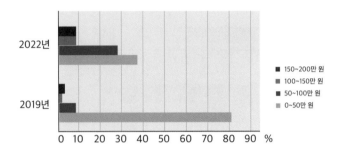

기혼 선생님들의 위험자산 투자는 미혼 선생님들의 투자 모습과 비슷하지만 조금 더 발전된 양상입니다. 0~50만 원 구간 비중이 가장 높은 점과 2019년에 비해 2022년 투자 금액이 조금씩 더 높아진 점은 미혼 선생님들의 조사 결과와 비슷합니다. 하지만 미혼 선생님들에게서는 보지 못했던 150~200만 원 구간의 투자 금액이 보이고, 그 비중이 2019년보다 2022년에 조금씩 더 커졌다는 점에서 자산 배분을 다양하게 하고자 하는 기혼 선생님들의 성향이 드러납니다.

기혼 선생님은 한 달 동안 얼마나 지출하나요?

그렇다면 기혼 선생님들의 한 달 지출 금액은 얼마 정도 될까요?

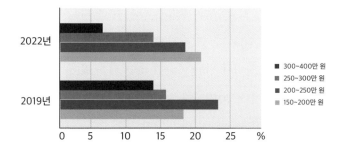

150만 원부터 250만 원 사이, 두 구간 지출이 가장 많은 비중을 차지했습니다. 주목할 점은 2019년에 가장 높은 비중을 차지했던 구간이 200~250만 원이었으나, 2022년에는 150~200만 원 구간이라는 점입니다. 게다가 150~200만 원 구간을 제외한 모든 구간에서 지출 금액이 감소하고 있어 전반적으로 지출을 줄이고자 하는 모습을 보입니다.

기혼 선생님이
한 달 동안 지출하는 식비는 얼마 정도 되나요?

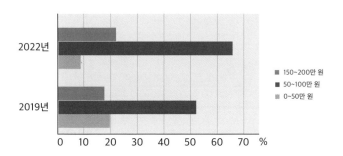

다른 선생님들은 얼마나 쓰고 얼마나 모을까요?

미혼 선생님들의 평균적인 식비는 0~50만 원 구간이 가장 큰 비중을 차지했습니다. 기혼 선생님들의 식비는 어떨까요? 가족 구성원 수가 늘어난 만큼, 50~100만 원 구간이 가장 큰 비중을 차지했습니다. 2019년에는 51.3%, 2022년에는 65.7%로 그 비중이 커졌고요. 이는 식비 비중이 다소 줄어든 미혼 선생님들의 결과와는 반대인 현상인데요, 왜 이런 결과가 나온 걸까요? 2022년에 소비자 물가 상승률이 급격히 올라가면서 4인 가구 기준 식료품비와 식대, 외식비가 함께 상승했기 때문입니다. 코로나로 인한 배달음식 이용률 증가도 하나의 이유가 되겠습니다. 식비 절감에 비교적 유연한 미혼에 비해 기혼 선생님들의 결과는 조금 달랐습니다.

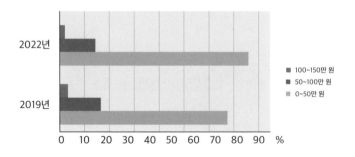

기혼 선생님이
한 달 동안 지출하는 용돈은 얼마 정도 되나요?

■ 100~150만 원
■ 50~100만 원
■ 0~50만 원

마지막으로 기혼 선생님들의 용돈을 살펴보겠습니다. 0~50만 원 구간이 여전히 높은 비중을 차지하고 있지만, 다른 구간의 비중은 미혼 선생님들에 비해서 현저히 적습니다.

이번에는 2019년과 2022년을 비교해 볼까요? 50~100만 원 구간은 2019년(16.7%)보다 2022년(14.3%)에 그 비중이 줄어든 반면, 0~50만 원 구간은 2019년(78.3%)보다 2022년(85.7%)에 그 비중이 늘어났습니다. 기혼 선생님들은 미혼 선생님들에 비해 본인에게 쓰는 자유 금액을 더 절제하고 있네요.

미혼 선생님들과 기혼 선생님들의 평균적인 저축, 소비 패턴을 잘 살펴보셨나요? 이 자료들이 지금 이 책을 읽고 있는 분들의 월 평균 저축, 소비 금액을 점검해 볼 수 있는 유의미한 비교 기준이 되길 바랍니다.

2부

옆 반 선생님 가계부 들여다보기

돈 관리는 처음이라
20대 저경력 교사의 재무 고민

상담자	병아리 샘
교직 경력	11호봉, 경기도 근무
재무 여건	26세, 여성, 미혼, 수도권에서 혼자 거주
보유 자산	현금 약 2,000만 원(예·적금 1,680만 원, 청약 360만 원)
상담 시기	2022년 6월

"저는 경기도에서 자취하고 있는 저경력 교사입니다. 임용 정원 때문에 고향에서 시험을 치르지 못하고 수도권으로 와서 지내고 있어요. 처음 교직생활을 시작해서 정신없이 시간을 보내고 나니까 통장에 돈이라는 게 쌓였

더라고요. 처음에는 적금도 가입해서 모았습니다. 그러나 사람 마음이 금세 안일해져서 '내가 모으자고 마음만 먹으면 금방 돈을 모으겠구나.'라는 생각을 하게 됐고, 그 이후로는 하고 싶은 것을 하면서 돈을 마음껏 썼어요. 멋도 부리고, 놀기도 하고, 방학 때는 해외여행을 가거나 짧게 제주도살이도 하면서요. 그러고 나서 다시 잔고를 보니, 놀며 지내는 동안에는 돈이 모이지 않았더라고요. 오히려 모았던 돈을 써 버리기도 했고요. 반성하고 다시 돈을 모으기 시작했어요."

"그래도 돈을 모으기로 결심하고 꾸준히 실천해서 2년 동안 2,000만 원가량 모으셨네요."

"처음부터 계획적으로 모았던 것은 아니었고 중간에 돈을 마음껏 써 버린 시간도 있었어요. 그래서 그런지, 제가 지금 돈을 잘 모으고 있는지 궁금했어요. 지금은 다시 무작정 모으고 있는데 많이 쓰던 버릇이 생겼는지 생각보다 돈이 잘 모이지 않아요."

재무 상담을 의뢰하는 저경력 선생님들의 공통점은 '돈을 알뜰하게 잘 쓰고 모으고 있는 것일까요?', '이렇게 하면 돈을 많이 모을 수 있을까요?'라는 물음을 가지고 있다는 것입니다. 이 분들은 대체로 장기적으로 자가 마련을 목표로 하며 경제적으로 어려움이 없는 삶을 살고 싶어 했습니다. 그러나 단기 재무 목표는 부재한 경우가 대부분이었습니다.

> "장기 재무 목표와 단기 재무 목표를 세운 적이 있나요?"
> "딱히 생각해 본 적은 없는데, 그래도 내 집 마련은 하고 싶어요. 경제적으로 어렵다고 느끼며 살기도 싫고요."
> "이번 기회를 통해 단기적인 목표도 꼭 생각해 보면 좋겠습니다. 재무 관리를 어떻게 하고 있는지 파악하기 위해 가계부를 자세히 적을 수 있는 양식을 보내 드릴게요. 천천히 한번 정리해 보세요."

장기·단기 재무 목표를 설정하자

같은 고민을 가진 사회 초년생 신규 선생님들이 가장 첫 번째로 해야 할 일은 '단기 재무 목표를 세우는 것'입니다. 단기 재무 목표를 설정하는 것은 생각보다 간단합니다. 바로 장기 목표를 단기 목표로 상세히 쪼개는 것입니다. '내 집 마련을 위해 앞으로 5년 동안 1억 모으기'처럼 기간과 액수를 구체적으로 정해 보는 것이죠.

단기 목표 설정이 어렵다면, 인생의 중요 이벤트 등을 기점으로 목돈을 마련해야 할 근거를 만드는 방식으로 목표를 세워 보세요. 예를 들면 '2년 동안 전세 자금 3,000만 원을 모아서 독립 준비하기', '결혼 자금 3,000만 원 모으기' 등이 될 수 있습니다. 이렇게 장기 재무 목표와 단기 재무 목표를 상세히 세워 보는 것이 가장 첫 번째 단계입니다.

첫 상담이 끝나고 며칠 후 병아리 샘은 '가계부'를 정리해서 보내왔습니다.

병아리 샘의 가계부

단기 목표	3년 안에 5,000만 원 자산 만들기			
저축(70만 원)	정기적금	60만 원	주택청약	10만 원
지출 (155만 원)	전세 대출이자	11만 원	생활비	15만 원
	식비	30만 원	교통비	10만 원
	보험	4만 원	통신비	5만 원
	관리비 공과금	10만 원	운동	10만 원
	용돈 (외식 포함)	60만 원		

"병아리 샘, 보험 납입금액도 적은 편이고 전세 대출이자를 상당히 적게 내고 계시군요! 어떻게 하신 건가요?"
"보험료가 적은 것은 제가 아직 30세 미만이라 어릴 때 어머니가 가입한 어린이 보험을 계속 유지하고 있기 때문이에요. 그리고 집은 청년 전세자금 대출상품을 이용했어요. 당시에 청년 대상 상품이 몇 개 있어서 그중에

하나를 선택했고요. 대출받는 과정이 번거롭긴 했지만, 금리도 낮을 뿐더러 만기 일시상환*이 가능하다는 게 장점이었어요. 당시에는 소득에 따라 금리가 1~2%대였어요. 전세 가격의 70% 정도까지 대출을 받을 수 있어서 부족한 금액은 부모님께 빌려서 해결했습니다."

"둘 다 다른 사회 초년생 선생님들에게 도움이 될 만한 정보네요."

"하지만 늘 돈이 부족해요. 생활비가 부족할 때도 몇 번 있었는데 다행히 성과상여금으로 카드 값이 연체되는 사태는 막을 수 있었어요. 학교에서 방과 후에 학급의 부진한 학생들을 대상으로 교과 보충수업이나 영재수업도 하고 있고요."

"학교에서 부수입을 창출할 수 있어서 다행입니다. 그런데도 돈이 부족한 이유는 무엇이라고 생각하세요?"

"아무래도 제가 많이 쓰기 때문이겠죠? 이전부터 돈을 더 많이 모으고 싶었지만, 매달 벅차게 사는 기분이에요. 다른 사람들처럼 투자도 해 보고 싶은데 어떻게 시

---

* 대출 후 매달 원금에 대한 이자만 납입하고 최종 대출 반환일에 마지막 이자와 모든 원금을 함께 납입하는 방식. 장점은 매달 이자만 내면 되므로 마지막 반환일까지 부담이 가장 적다는 것이고, 단점은 대출 기간 동안 낸 이자를 모두 합한 금액이 다른 대출 방식과 비교할 때 가장 많다는 점입니다.

작할지 막막해요. 사실 종잣돈이 없어서 엄두조차 내지 못했죠. 투자에 성공하신 분들의 유튜브 영상을 보면 처음에 종잣돈 마련을 위해 월급의 대부분을 저축하셨다고 하는데, 저는 그것부터 제대로 실천하지 못했어요. 혹시 제가 잘못하고 있는 부분이 있다면 무엇인지 알고 싶어요."

돈을 모으기 전에 돈이 부족한 이유를 찾자

종잣돈 마련에 난항을 겪고 있는 상당수의 저경력 선생님들은 "어떻게 해도 돈이 잘 모이지 않는다."라고 말합니다. 이 고민을 해결하는 좋은 방법은 자신의 지출을 분석해서 가계부를 쓰고 예산안을 세워 보는 것입니다. 항상 돈이 부족한 이유를 모른다는 것은 어떠한 항목에서 지출이 많은지 스스로 잘 모른다는 이야기이기 때문입니다.

"선생님이 적어 주신 수입과 지출 현황을 보면, 저축과 소비를 합친 금액이 호봉의 월급보다 더 많아요. 물론 그렇지 않은 달도 있겠지만요. 상여금이나 추가적인 수입 등으로 부족한 부분을 채운다고 하셨지만, 그렇게 하지 않아도 충분히 아낄 수 있을 것 같아요. 혹시 불필요한 소비가 가장 많이 발생하는 항목을 찾았나요?"

"사람들을 만나러 다니는 데 드는 돈이 많았고, 필요하지 않은 물건을 즉흥적으로 사는 경향도 있어요. 배달 음식을 자주 시켜 먹기도 했고요. 그런 부분을 개선하면 더 저축할 수 있을 것 같아요."

지출 내역을 정리하다 보면 그전에 보이지 않던 자신의 모습을 객관적으로 바라볼 수 있게 됩니다. 절대 포기할 수 없거나 줄일 수 없는 지출과 충분히 줄일 수 있는 지출도 구별할 수 있게 되죠. 병아리 샘은 월급으로 카드 값을 충당하는 데 어려움을 느끼고서야 비로소 돈이 왜 부족한지 생각해 보았다고 했습니다. 그렇지만 그 원인을 단순히 돈을 많이 써서라고 어렴풋이 짐작하고 다음 달에는 아껴야겠다고 다짐할 뿐, 지출이 정확히 어떻게 이루어지고 있는지 분석해 보거나 파악해 본 적은 없었다고 합니다.

병아리 샘의 상황을 보면 지인들과의 약속, 외식, 쇼핑 등을 위해 한 달에 약 60만 원 정도의 비용을 지출하고 있습니다. 당장의 만족감을 줄여야 한다는 점에서 피나는 노력과 의지가 필요하겠지만, 용돈을 45~50만 원으로 줄이면서 절약되는 10~15만 원부터 추가로 더 저축하는 습관을 들여야 합니다. 그리고 차츰 저축의 금액을 늘려 간다면 3년 안에 5,000만 원이라는 종잣돈을 만드는 것도 가능해집니다.

"3년 동안 추가로 3,000만 원을 모으는 동시에, 지금 갖고 있는 2,000만 원을 투자해 수익을 더 창출할 수는 없을까요? 곧 적금이 만기가 되거든요. 하지만 투자를 한 번도 해 본 적이 없다 보니 원금을 잃지 않을까 겁이 나서 시도하기 어려워요."

"당연히 그런 생각이 들 수 있습니다. 준비가 되셨을 때 몇 가지 방법을 알려 드릴 수 있어요."

"투자에 대해서는 아는 것이 하나도 없답니다. 공부를 해 보는 것이 먼저일 것 같아요. 그래야 설명을 해 주셔도 이해할 수 있을 거예요. 일단 다음 달부터 저축 금액을 80만 원 이상으로 늘려 볼게요."

"차근차근 해 나가려는 의지가 멋집니다. 언제든 다시 연락주세요."

가계부 쓰기부터 시작하자

재무 목표를 설정했다면 그 다음 단계는 '가계부 쓰기를 통한 지출 파악 및 계획하기'입니다. 상담 요청을 해 오는 선생님들 중에는 병아리 샘의 사례처럼 수입보다 지출이 많아 상여금 등으로 부족한 지출 금액을 충당하는 경우가 있었습니다. 그럴 땐 구멍 난 계좌를 메우느라 스트레스를 많이 받는다고 고충을 토로하기도 합니다. 이러한 고민을 해결하기 위한 첫 번째 단계가 바로 자신의 지출 항목을 파악하여 가계부를 써 보는 것입니다.

가계부를 쓸 때는 먼저 본인의 과거 데이터를 살펴보며 구체적으로 자신의 지출 습관을 파악해야 합니다. 고정지출과 변동지출을 계산하고 고정지출 중에서 금액을 줄일 부분이 있는지 알아보거나 변동지출 항목에서 불필요한 부분을 찾아내어 자신의 지출을 통제한다면 더 많은 금액을 모을 수 있습니다. 현실적으로 금액을 줄여 나갈 부분이 무엇인지 확인하고 점검한 다음, 간단하게 먼저 다음 달의 예산을 세워 봅니다.

예산을 수립한 후에는 꼼꼼하게 자신의 지출을 기록하면 됩니다. 다른 사람들이 만들어서 공유하고 있는 가계부 양식을 다운받아 활용하거나 통장을 쪼개 항목별로 기록을 남기거나 가계부 어플을 활용할 수 있습니다. 경험이 쌓이다 보면 내게 맞는 스타일로 직접 나만의 가계부를 만들 수도 있습니다.

병아리 샘과 같이 돈이 잘 모이지 않고, 가끔 계좌에 돈이 부족해서 고민이라면 지금 이 순간부터 소개해 드린 방법 중 하나를 선택해 시도하면서 자신에게 맞는 방법을 찾아 나가길 바랍니다. 이렇게 지출을 하나씩 기록하는 과정을 거치면 자연스럽게 계획에 맞게 지출하는 습관을 기를 수 있습니다. 여기에 더해 한 달에 한 번, 혹은 여러 달에 한 번, 정기적으로 결산표를 작성해 자신의 지출을 점검한다면 더할 나위 없을 것입니다.

예산·결산 작성하기

예산

단위: 만 원

이달의 소비 목표	급여의 30% 이상 저축(80만 원 이상)

수입		저축/투자		지출					
				고정지출		변동지출		비정기지출	
항목	금액	항목	금액	항목	금액	항목	금액	항목	금액
급여	225	적금	60	전세 대출이자	11	식비	30	세금	
이자/배당금	5	청약	10	관리비 공과금	10	생활용품비	15	경조사비	
부수입		펀드	10	통신비	5	운동비	5	명절비	
(비)명절상여금		연금		보험료	4	문화/ 자기계발비		용돈/외식비	60
(비)성과상여금		그 외		그 외		교통/유류비	10	그 외	
(비)정근수당						의류/미용비			
그 외						의료비			
합계	230	합계	80	합계	30	합계	60	합계	60

결산

이달의 수입	230만 원
이달의 저축	80만 원
이달의 소비 예산	150만 원
이달의 고정 지출	30만 원
이달의 변동지출 및 비정기지출	98만 7,400원
남은 돈	21만 2,600원
추가 목표 저축/투자액	10만 원
추가 저축/투자 달성액	21만 2,600원
이달의 총 저축액	101만 2,600원
반성할 점	식비를 너무 많이 지출했다
칭찬할 점	용돈을 줄이고 추가 저축액을 늘렸다

단위: 만 원

| 잔액 | 153만 3,400원 | 식비/외식비 | 9,800원 | 생활용품비 | 4만 6,800원 |

날짜	수입		저축/투자		고정지출			식비/외식비			생활용품비			
	내용	금액	내용	금액	내용	현금/카드	금액	내용	현금/카드	금액	내용	현금/카드	금액	...
7.15	월급	225	적금	60	보험	현금	4	맥도날드	KB카드	0.98				...
7.16	기타	5			관리비	현금	7							
7.17											생활용품	삼성카드	4.68	
7.18														

　　결산표라고 해서 특별한 것은 없습니다. 자신이 세운 예산에 맞게 지출했는지, 저축했는지 등을 비교하고 계획대로 되지 않은 부분이 있다면 그 이유를 따져 보면 됩니다.

　　결산을 통해 반성의 과정까지 거치면 내가 세운 재무 목표를 달성하기에 적합한 예산안 작성뿐만 아니라 지출 습관까지 형성하는 데 큰 도움이 될 것입니다. 물론 시행착오를 겪겠지만 포기하지 말고 목표한 바를 꼭 이루기 바랍니다.

　　병아리 샘은 상담을 계기로 자신만의 가계부를 써 보기 시작했고, 얼마 뒤 상담 후기를 남겼습니다.

"평소에 제 소비 습관을 제대로 파악하지 못하고 막연하게 짐작하거나 머릿속으로만 스쳐 지나가듯 생각할 뿐이었어요. 하지만 가계부라는 구체적인 기록을 남기니 명확한 수입과 지출 상황을 한눈에 파악할 수 있었어요. 그동안 재무 관리를 소홀히 했다는 반성도 많이 했고요. 저만의 가계부를 작성하면서 생각보다 아낄 수 있는 돈이 많았음을 깨달았답니다.

이를 잘 활용해서 매달 저축과 투자를 병행해 보겠다는 새로운 목표도 세울 수 있었고, 어떤 노력을 해야 하는지 깨닫고 실천해 가면서 자신감도 생겼어요. 무엇보다도 지출을 통제하는 것이 어려웠던 제게 예산안이 반드시 필요하다는 것을 알게 되었죠.

직접 작성하고 실천해 보니 많이 번거롭지도 않았습니다. 재무 설계의 시작은 결국 나의 수입과 지출을 알고 이를 통제하는 것인데, 그동안 이걸 몰랐어요. 가장 중요한 첫걸음을 뗄 수 있게 도와주셔서 감사합니다."

병아리 샘은 왜
어린이 보험에 가입했나?

1. 어린이 보험이라고 하면 미성년자들이 가입을 하는 보험
   이라고 생각하기 쉽습니다. 예전에는 그랬으나 현재는
   만 30세까지 성인도 가입할 수 있습니다.

2. 어린이 보험의 주요 장점
· 의무특약이 없거나 가입금액이 저렴한 경우가 많습니다.
· 4대 프리미엄 특약(유사암, 뇌혈관 질환, 허혈성 심장질환,
  질병 후유 장애 3%) 등 중요 담보의 가입 한도가 성인 보험
  보다 높은 경우가 있습니다.
· 성인 보험과 달리 A담보를 가입하기 위해 B담보를 넣어야
  하는 등의 연계 조건이 없습니다.
· 질병 진단 시 해당 시점부터 보험료를 납입하지 않아도 되
  는 납입 면제 조건이 성인 보험보다 많은 질병에 해당되어
  서 좋습니다.

결혼 전에 누리는 투자 경험
똑소리 나는 20대 교사의 재무 관리

상담자	똑띠 샘
교직 경력	11호봉, 서울 근무
재무 여건	27세, 여성, 미혼, 서울 거주
보유 자산	전세보증금 포함 약 1억 3,000만 원
상담 시기	2022년 5월

"저는 수도권에서 근무하고 있는 4년 차 교사입니다. 지금까지 오로지 예·적금으로만 돈을 모아 왔습니다. 이제는 시간적 여유도 생겼고, 예·적금만으로 자산을 관리하자니 수익률이 아쉬워서, 조금 더 체계적으로 자산을 관

리하고 싶습니다. 아직 수입과 지출을 정확히 파악하지 못했기 때문에 한 달 후 월급을 받고 나서 가계부 정리를 한 뒤 상담을 진행하고 싶습니다."

똑띠 샘의 재무 상태

단기 목표	• 결혼 자금 확보 • 2년 후 더 좋은 전세로 이사하기 위한 보증금 마련
장기 목표	• 결혼 뒤 정할 예정(노후 대비, 내 집 마련 등)
재무 관리 노력	• 자산 관리 앱 뱅크샐러드를 활용한 소비 파악 및 절약 • 예·적금 및 주택청약으로 저축 • 경제 뉴스를 보며 주식 공부. 소액으로 나스닥 ETF* 투자. 가끔 공모주 투자**
부동산 현황	• 전세보증금 6,500만 원
세금 · 상속 대비	• 국내 주식은 비과세 ISA 계좌***로 주로 거래 • 연금 관련 비과세는 결혼 후 가입 예정
재무 고민	• 가장 큰 고민은 서울에 내 집 마련 • 월급에서 20만 원 정도를 개별 주식에 투자할까 고민 중 • 주식 포트폴리오는 개인 주식과 환율, 금으로 구성하고 싶음

20대 저경력의 똑띠 샘으로부터 재무 상담 신청이 들어왔습니다. 신청 사유를 읽으면서 가장 눈에 띄었던 부분은 재무 설계

---

*   Exchange Traded Fund, 주식시장에서 인덱스지수를 사고 팔 수 있게 만든 것으로, 인덱스란 수많은 기업을 다양한 방식으로 분류해 지수로 만든 것을 의미합니다.

**   신규 상장 기업의 주식을 배정받기 위해 청약하는 것을 의미합니다.

***   3년 동안 투자금을 빼지 않으면 투자 수익 200~400만 원은 비과세, 그 이상은 9.9%의 낮은 세금만 부과됩니다.

관련 글을 하나하나 읽으며 계획을 세우고 있다는 것, 그리고 바로 상담을 시작하지 않고 한 달 후에 가계부를 조금 더 정확하게 정리해서 상담을 받고 싶다는 것이었습니다. 이 부분을 보면서 '꼼꼼하고 야무지게 스스로의 자산 관리를 할 것 같다.'라는 확신이 들었습니다.

똑띠 샘도 수도권에 근무하거나 거주하는 여느 선생님들처럼 부동산이 가장 큰 고민이었습니다. 최근 몇 년 사이 집값이 너무 많이 오르다 보니, 내 집 장만이 가장 큰 걱정이자 최고의 관심사인 것이죠. 똑띠 샘의 재무 목표에서 가장 중요한 키워드 역시 부동산입니다. 몇 년 동안 돈을 열심히 모아서 더 좋은 전셋집으로 옮기고, 투자도 잘해서 내 집을 마련하는 것이 현재 똑띠 샘이 가장 원하는 재무 목표였습니다.

하지만 단순히 '내 집 마련'을 재무 목표로 설정하는 것으로는 부족합니다. 같은 서울 지역이라도 부동산의 가격은 천차만별입니다. 지금 당장이라도 들어갈 수 있는 저렴한 집부터 교사 월급으로는 도저히 갈 수 없는 집까지 너무나 다양한 가격대의 집이 있습니다. 그렇기 때문에 가능한 구체적으로 정하는 것이 필요했습니다.

재무 상담 과정에서 똑띠 샘에게도 이 부분을 얘기하고, 구체적인 재무 목표 설정을 요청했습니다. 특히 단기 목표와 장기 목표 중 단기 목표를 더 구체적으로 설정해 보라고 제안했습니다.

그런데 요청에 따라 단기 목표를 구체화하는 과정에서 똑띠 샘의 생각에 변화가 일어났습니다. 본인이 무엇을 하고 싶은지 구체적으로 고민하는 동안 처음에 막연히 바라던 것과는 또 다른 바람이 생긴 것입니다.

> "거주지에 대한 큰 욕심은 없어서 결혼하기 전에는 투자로서의 부동산에 초점을 맞추고 싶어요. 2년 뒤의 전셋집 이사를 위해 전세금을 모으고 싶다고 이야기했는데, 먼 미래를 위해서 일단 혼자 사는 집은 소박하게 그대로 살고, 투자 목적의 시드 머니를 최대한 모아서 추후에 부동산 투자를 해 보고 싶어요."

그래서 2년 동안 얼마의 돈을 모을 수 있을지 살펴보고 재무 목표를 세워 보기로 했습니다.

부동산 투자를 위한 시드 머니 모으기

재무 목표를 잡아 가는 과정에서 똑띠 샘의 목표는 전세 자금을 더 마련하는 것에서 부동산 투자로 바뀌었습니다. 그래서 똑띠 샘의 재무 상태와 현금 흐름을 살펴보고 부동산 투자를 위한 시드 머니를 얼마만큼 모을지 정해 보기로 했습니다.

결혼 전에 누리는 투자 경험

자산		부채	
항목	금액	항목	금액
예·적금	1,000만 원	장기 부채	3,000만 원
전세보증금	6,500만 원		
주택청약	370만 원		
기타 자산	5,500만 원		

똑띠 샘은 경력 4년 차임에도 불구하고 현재 1억 원가량의 순자산을 가지고 있습니다. 물론 자산 중에서 6,500만 원은 현재 거주 중인 전셋집의 보증금이기 때문에 당분간은 투자 등으로 사용할 수 없습니다. 이를 제외한 현재 자산 중 현금화해서 부동산 투자에 활용할 수 있는 돈은 약 3,500만 원 정도입니다.

고정지출		변동지출	
각종 공과금 및 관리비	15만 원	경조사용 저축	10만 원
실비 및 생명보험	6만 원	개인 생활비	35만 원
교통비	5만 원	교육 및 문화	5만 원
주택청약	10만 원	여행	10만 원
휴대폰 및 인터넷 요금	2만 원	합계	60만 원
합계	38만 원		

똑띠 샘의 월 평균 지출만 봐도 얼마나 알뜰하게 돈 관리를 하는지 잘 알 수 있습니다. 한 달에 100만 원이 채 되지 않는 돈으로 생활하고 있고, 나머지 돈 140만 원 정도는 모두 저축하고

있습니다. 이렇게 생활비가 적게 들어가는 것은 무엇보다 주거비가 적기 때문입니다. 전세 임대로 거주 중이기 때문에 다달이 들어가는 주거비를 아끼고 있는 것이죠.

"정말 알뜰하게 지출을 관리하고 계시네요. 월급에서 지출하고 남은 돈을 모두 저축하는 건가요?"

"맞아요. 더 모으고 싶은데 이 이상으로 모으는 것은 쉽지 않더라고요. 지출을 더 줄이면 삶의 질이 너무 떨어질 것 같아서요."

"이 정도면 충분하죠. 돈을 모으기 위해서 현재의 행복을 너무 많이 포기할 수는 없으니까요. 그런데 월급 외에도 상여금이랑 성과급을 받잖아요? 그 돈도 모으면 적지 않은데 그런 비정기 수입은 어떻게 하시나요?"

"아! 그것도 모두 모으고 있어요. 가끔 명절 때 부모님께 드릴 선물 살 돈 20~30만 원 정도를 빼고는 모두 저축해요."

"선생님 경력에 받는 각종 상여금과 성과급을 대부분 저축한다고 생각하면 1년에 600~700만 원 정도 되죠. 한 달에 50만 원은 더 모은다고 볼 수 있겠네요."

똑띠 샘과 함께 정한 단기 목표는 2년 동안 5,000만 원 이상을 모아 순자산을 1억 5,000만 원으로 만드는 것이었습니다. 그 사이 열심히 부동산 공부도 진행해 2년 후 여윳돈으로 부동산에 투자하는 것을 목표로 세웠습니다.

결혼 전 주식 투자 도전하기

단기 목표를 함께 세우고 나니 똑띠 샘이 한 가지 의견을 더 얘기해 주었습니다. 평소 자기가 염두에 두고만 있던 부분인데 이참에 시도해 보고 싶다는 생각이 든 것입니다.

> "이번 기회에 주식 투자도 한번 시작해 보고 싶습니다. 예·적금만 넣다가 문득 '지금은 실패해도 되는 나이지만, 가정이 생기면 실패도 조심해야 된다.'라는 생각이 들었습니다. 가정이 생기기 전에 혼자서 이것저것 경험해 보고 싶어요. 주식 투자에 도전해 볼게요."
>
> "좋은 생각이에요. 그런데 똑띠 샘도 알겠지만 주식은 가격 변동이 큰 편이에요. 주식 가격이 오를 때야 상관이 없지만 내릴 때는 심리도 동요되고 합리적으로 판단하기 어려울 수도 있어요. 그래서 우선 자신의 투자 성향부터 파악해 보는 것이 좋을 것 같네요."

투자 성향 테스트해 보기	테스트 결과	솔루션
	위험중립형 (투자 위험성에 대해 충분히 인식하고 있 으며, 예·적금보다 높 은 수익을 기대할 수 있다면 일정 수준의 손실 위험을 감수할 수 있는 성향)	위험중립형은 자산의 일정 비율 은 예·적금, 채권과 같은 안전자 산에 투자하고 나머지는 변동성 이 크지 않은 위험자산에 투자하 는 것이 좋습니다. 예) 50:50 자동항법장치* 　　정액매입법** 　　올웨더포트폴리오*** 　　지수 추종 ETF 투자

똑띠 샘의 투자 성향은 테스트 결과 '위험중립형'이 나왔고, 그에 맞는 투자 방법을 추천해 드렸습니다. 그리고 각 투자 방법에 대해 똑띠 샘은 개인적으로 공부를 진행하고 자기 나름대로의 전략을 세웠습니다.

물론 처음으로 만들어 본 투자 포트폴리오가 완벽할 수는 없습니다. 하지만 투자 실천이 가장 좋은 공부 동기이자 공부 방법이 됩니다. 처음부터 욕심내기보다 '돌다리도 두드리며 걷는

---

* 안정된 수익률을 얻기 위해 가장 많이 활용되는 투자 포트폴리오 방법. 정기적으로 안전자산과 위험자산의 비중을 50:50으로 조정하는 방법입니다.

** 투자 타이밍은 누구도 맞출 수 없다는 생각으로, 같은 금액을 일정하게 투자하는 것입니다.

*** 주식, 채권, 금, 원자재 등의 투자 상품을 일정 비율로 구입하고 정기적으로 일정 비중이 되도록 조정하는 투자 방법입니다.

- 전략 1

  월 평균 저축액 190만 원(각종 상여금 포함) 중 일부를 가지고 투자를 실천합니다. 이후에 공부를 꾸준히 하면서 투자 금액을 늘려 갑니다.

- 전략 2

  주식 30%, 채권 55%, 원자재 7.5%, 금 7.5%에 투자하고 구체적인 투자 상품은 다음과 같이 합니다.

  ① 주식(30%): TIGER 미국 S&P500 15%, TIGER 미국 나스닥100 15%

  ② 채권(55%): 장기국채 TLT 40%, 중기국채 IET 15%

  ③ 원자재(7.5%): DBC 7.5%

  ④ 금(7.5%): IAU 7.5%

- 전략 3

  매달 월급날 포트폴리오를 리밸런싱*합니다.

- 전략 4

  꾸준히 공부하고 지식과 경험이 쌓일수록 투자 금액을 늘립니다.

다.'라는 마음으로 조금씩 투자 금액을 늘려 가면 좋습니다.

워런 버핏은 투자뿐만 아니라 지식도 복리로 늘어난다고 말한 적이 있습니다. 상담을 계기로 꾸준히 투자 경험과 투자 공부를 해 나간다면 투자 수익과 투자 지식이 복리로 쌓여 미래에는 분명 행복한 부자 선생님이 될 거라고 믿습니다.

---

* 일정 주기마다 포트폴리오 자산 비중을 미리 정해진 비율로 조정하는 것. 가격이 올라 비중이 높아진 것은 조금 팔아 비중을 낮추고, 반대로 비중이 낮아진 것은 조금 사서 비중을 높입니다.

똑띠 샘의
똑똑한 보험 리모델링

"보험은 작년에 미리 공부해서 리모델링해 두었습니다. 1년 갱신 실비 보험(월 9,000원 정도), 흥국어린이보험(허혈성진단 2,000만 원, 뇌혈관진단 2,000만 원, 유사암 진단 2,000만 원, 암 진단 5,000만 원, 허혈성 수술 1,000만 원, 뇌혈관 수술 1,000만 원)을 들었죠. 가족 유전력이 하나도 없어서 적당한 금액으로 가입했습니다."

교사들의 보험료 지출액을 보면 10만 원부터 20~30만 원대까지 다양합니다. 그런데 똑띠 샘은 6만 원밖에 되지 않았습니다. 효율적으로 최소의 보험 가입만 한 상태인지, 아니면 더 필요한 보험을 추가로 가입해야 하는지 물었습니다. 똑띠 샘은 스스로 공부해서 딱 필요한 보험에만 가입했다는 답변을 주었습니다.

보험의 경우, 보험 설계사나 재무 설계사로부터 리모델링을 받는 경우가 많습니다. 하지만 무료로 이루어지는 리모델링은 대부분 보험 상품을 팔거나 보험사에 유리하게 금액을 조정하기 위한 마케팅 수단입니다. 그렇기 때문에 보험 리모델링도 스스로 공부하고 필수적인 것 위주로 선택하는 것이 좋습니다.

똑띠 샘의 보험 구성을 보면 실비보험과 주요 질병 관련 진단비 보험으로 되어 있습니다. 필요한 경우 여기에 더해, 진단비 보험만으로 부족한 암 진단비 보장 관련 보험만 저렴하게 온라인으로 가입하면 충분합니다.

간혹 보험에 저축 기능, 연금 기능 등이 융합된 저축성 보험에 가입해 매달 높은 보험료를 지급하는 경우가 있습니다. 이 경우 높은 보험 사업비와 계좌 유지 보수 비용이 듭니다. 따라서 보험은 본래 기능인 위험 대비만을 위해 보장성 보험*을 드는 것이 더 값싸고 효율적입니다.

---

* 보험의 원래 기능인 위험 보상에 중점을 둔 보험으로, 저축성 보험에 비해 보험료가 낮습니다. 하지만 계약 기간이 끝나도 이미 낸 보험료를 돌려받지 못합니다.

빚내서 투자했더니 힘들어요
영끌 30대 교사의 재무 고민

상담자	성실 샘
교직 경력	16호봉, 광역시 근무
재무 여건	31세, 남성, 미혼, 광역시에서 부모님과 함께 거주
보유 자산	약 2억 원(순자산 약 4,000만 원, 대출 약 1억 6,000만 원)
상담 시기	2022년 6월

"저는 경제적 자유를 꿈꾸고 있는 교사입니다. 열심히 투자 공부도 하고 실제 투자도 하고 있는데 대출이 많아 걱정입니다. 그래서 도움을 요청하게 되었어요."

"반갑습니다. 앞으로 함께 이야기 나누면서 고민을 해결하셨으면 좋겠네요. 혹시 대출을 받은 이유가 무엇인지 여쭤봐도 될까요?”

“투자해 보고 싶은 것이 있었어요. 혹시 뉴턴의 주식 투자 그래프를 보신 적 있나요? 천재 과학자 뉴턴은 사우스 시 (South Sea) 주식으로 초창기에 돈을 벌었지만, 나중에는 차입까지 해서 전 재산을 투자했다가 90%를 잃었죠. 지금 제가 바로 그 상황이 되어 가고 있는 것 같아요. 차이점이 있다면 여러 종목에 분산 투자했기 때문에 한 종목에 모든 재산을 투입했던 뉴턴처럼 손실이 극심하지는 않다는 거예요. 아직 아무것도 매도하지 않은 상태이고요.”

“선생님은 장기적인 재무 목표가 있으신가요?”

“저는 경제적 자유를 꿈꾸고 있고 남부럽지 않게 가정을 일구어 내 집에서 살고 싶은 소망이 있어요. 사실 45세 이전에 경제적 자유를 완성하고 싶기도 했어요.”

“일하는 중에 투자에 대한 공부도 많이 하시고 직접 실행해서 수익도 내다니 대단합니다. 겸손하게 말씀해 주셨지만, 좋은 시장 상황에서 성공적인 투자를 해낸 것도 결코 쉬운 일이 아니라고 생각합니다. 목표를 이루고자 하는 열정이 지금까지의 성장 동력이 되었듯, 이번 고민도 해결할 수 있는 열쇠가 있을 거예요.”

“정말 그랬으면 좋겠는데 마음이 좋지 않아요. 처음에

는 정말 신중하게 투자를 진행했어요. 제게 투자는 필사의 선택에 가까웠어요. 부모님 형편이 여유롭지 못해서 독립이나 결혼을 할 때 스스로 해결해야 했거든요. 결혼도 생각해야 할 시기인데, 모은 돈에 비해 집값이 하늘 높은 줄 모르고 오르니 마음이 조급해졌습니다.

친구들과 고민을 나눌수록 제가 더 작아지는 것 같고, 아무리 결혼 비용을 반반 부담하는 시대라고는 하지만 적어도 전세보증금이라도 준비해야겠다는 생각이 들었어요. 빠르게 목돈을 만들고 싶어서 뭐라도 해야겠다는 마음에 조심스럽지 못했어요. 지금 생각해 보면 무리한 투자를 하게 된 것 같아 후회스럽고 자책감이 듭니다."

성실 샘의 한 달 지출 내역은 아래와 같았습니다.

고정지출		변동지출	
대출이자 상환	58만 원	개인 용돈	35만 원
보험료	18만 원	운동비	10만 원
교통비	20만 원	사교 및 외식비	30만 원
휴대폰 및 인터넷 요금	8만 원	회비와 구독료	7만 원
저축 (경조사용, 개인연금, 공제회)	40만 원	학교 급식비	8만 원
합계	144만 원	합계	90만 원
주식 투자	나머지 금액 전부		

성실 샘의 지출 내역에서는 다른 것들보다 '대출이자 상환 58만 원'이 가장 눈에 띄었습니다. 주택 담보 대출 원리금 상환이나 전세보증금 대출 원리금 상환이라면 주거비의 의미로 생각하거나 조금씩이라도 원금이 쌓이는 것에 의의를 둘 수 있습니다. 하지만 성실 샘의 경우는 주식 투자를 위한 대출이고 원금 상환 없이 이자만 나가고 있기 때문에 주식시장이 하락할 때는 더 뼈아플 수가 있는 상황이었습니다. 특히 주식 상승장 초반부가 아닌 후반부에 투자 원금을 크게 늘렸다면 하락 폭이 훨씬 더 클수 있습니다.

투자 실패의 원인 분석하기

성실 샘은 대출금을 대부분 주식과 코인에 투자했고, 현재 5,000만 원가량 손실을 보았습니다. 어떤 종목은 -60% 이하의 수익률을 보였습니다. 국내 주식뿐만 아니라 해외 주식에도 투자하고 있는 상황이고요. 우선 투자 초반에 매수한 국내 주식의 경우에는 주로 유명 대기업 주식들이 많았습니다. 이보다 비율이 높은 해외 주식의 경우에는 대부분 최근에 매수했습니다.

코인으로 한때 수익을 많이 보기도 했지만 최근에는 손실이 큰 상태였습니다. 손실을 메꾸려고 계속 위험한 투자를 하게 된 것이 코인 투자 실패의 원인이었고, 한때 이슈가 되었던 '루○ 코인'에 투자하기도 했습니다.

성실 샘의 해외 주식 및 코인 투자 포트폴리오

종목 이름	매수 평균가	현재가 [2022년 6월 기준]	수익률
TQ**	40.944달러	27.98달러	-31.66%
SO**	32.10달러	11.60달러	-63.86%
LA**	42.46달러	5.21달러	-87.73%
테**	203.76달러	245.71달러	+20.59%
PL**	16.63달러	8.24달러	-50.45%
비***	2만 4,509.76달러	2만 1,027.35달러	-14.2%
에**	0.62달러	0.49달러	-20.97%
리*	0.41달러	0.36달러	-12.2%

　해외 주식에서 인상적인 것은 초고위험 ETF 위주로 포트폴리오가 구성된 점이었습니다. 그중에서도 해외지수 추종 2배, 3배 레버리지 ETF* 상품의 비중이 매우 높았습니다.

　몇 년 전 급증했던 개인 투자자들의 해외 주식 열풍은 2배 레버리지 상품으로도 모자라 3배 레버리지 상품에 옮겨 붙기도

---

*　선물과 옵션 등 파생상품과 차입을 이용하는 ETF. 레버리지 ETF는 추적지수의 변동 폭보다 몇 배의 수익이나 손실을 거두도록 설계됩니다.

했습니다. 성실 샘도 예외는 아니었습니다. 높은 수익률을 기대하며 개별 종목보다는 변동성이 큰 고위험 ETF 상품에 주로 투자했죠. 또한 매월 꾸준히 정해진 금액을 매수하는 방식으로 이와 같은 종목에 계속해서 투자한 것도 눈에 띄었습니다.

문제는 초고위험 투자 상품의 특징을 제대로 모른 채 유튜브 등의 매체를 통해 접한 정보만으로 성급하게 투자를 했다는 점입니다. 특히 해외 상품은 기업이나 투자 정보를 국내 상품에 비해 접하기 어렵기 때문에 매체 의존도는 더욱 클 수밖에 없습니다. 인터넷에 코인이나 고위험 ETF 종목 몇 가지를 검색해 보면 자극적인 제목으로 호기심을 유발하는 정보들이 지금도 계속 업로드되고 있습니다.

고위험 레버리지 상품의 경우 손실을 본 뒤 다시 수익을 내기 위해서는 하락한 것보다 주가가 훨씬 더 많이 상승해야 합니다. 특히 수익률의 n배수를 따라가는 상품의 경우, 주가가 오르지 않는 상황에서는 큰 손해를 보게 됩니다.

예를 들어 어떤 지수의 수익률의 3배를 추종하는 상품이 있을 때, 기준 지수가 100에서 10% 하락하면 이 상품에서는 30% 떨어진 70이 됩니다. 다음 날 지수가 다시 10% 오른다면 실제로는 1%만 하락한 것이 되지만, 이 상품에서는 70에서 다시 30%가 오른 것이 되므로 91이 되고 결국 9%의 손해를 보게 됩니다.

기준 지수 100	10% 하락	다음 날 10% 상승	수익
기준 지수 추종 상품	(-10) = 90	+(90 × 0.1) = 99	-1%
수익률 3배 추종 상품	(-10 × 3) = 70	+(70 × 0.3) = 91	-9%

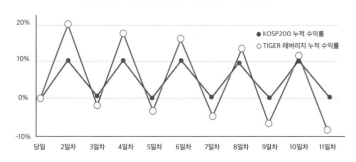

기초 지수가 등락을 반복할 때 수익률 비교

출처: 미래에셋자산운용

오히려 이런 종목은 매일 가격이 널뛰기하는 가상 화폐만큼 위험할 수 있습니다. 위의 그래프와 같이 변동성이 큰 시장이라면 점점 수익률은 줄어듭니다. 이러한 상품에 대해 제대로 이해하지 않고 뛰어든다면 불나방과 다름없는 운명을 맞이할 수 있습니다.

주식의 수익률에서 잘 생각해 보아야 할 점은 100만 원에서 100%가 오른다면 200만 원이 되지만, 그 200만 원에서 50%만 손실이 나도 번 금액을 다 잃게 된다는 것입니다. 유튜버나 비

전문가의 그럴듯한 말을 믿고 큰 수익률을 바라는 것은 욕심이라고 할 수 있습니다.

더구나 자신의 자본금 외에 더 많은 돈을 대출해 투자를 진행했을 때는 손실이 눈덩이처럼 늘어나 회복이 힘들어집니다. 모든 투자의 책임은 본인에게 있으며 투자의 기본은 돈을 버는 것이 아니라 지키는 것임을 명심해야 합니다.

구멍 난 포트폴리오, 어떻게 해야 하나?

열심히 모은 귀중한 나의 돈으로 신중하게 투자했던 소중한 투자자산이 한순간에 많은 손실을 기록한다면 어떨까요? 한때는 자랑스럽고 기쁨을 주었던 계좌가 어느새 꼴도 보기 싫은 것으로 전락하고, 그것을 바라보는 심정은 실로 참담하고 답답할 겁니다.

> "선생님이 투자한 3배 레버리지 ETF 상품은 시장이 하락 주가를 회복하는 시점에 해당 상품의 비중을 점차 줄여 나가시면 좋겠어요. 앞으로는 주식시장에서 주가가 오를지 안 오를지를 예측하기보다는 기업의 가치를 보며 적절한 매입 가격에 금액을 나누어 투자하는 것이 좋을 것 같습니다."

"저도 모르게 확신 없는 투자를 하고 있었어요. 공부하지 않은 종목이니 심리적으로 더욱 흔들린 것도 사실이에요. 투자한 금액이 커질수록 숫자 단위가 주는 압박도 심했습니다. 투자금을 늘리니 수익률이 -5%만 돼도 손실 금액이 순식간에 커졌어요. 투자금을 더 늘려 손실을 복구해야겠다는 생각으로 대출을 했는데 반대의 상황을 생각하지 못했습니다."

100만 원의 1%는 1만 원에 불과하지만, 금액이 1,000만원, 1억이 되면 1%의 금액도 결코 적지 않습니다. 성실 샘은 그간 심리적 압박이 심했던 이유를 스스로 알게 되었습니다.

"주가가 떨어질 때마다 계속 주식을 사고는 있는데 이게 맞는지 모르겠습니다. 마이너스가 된 부분을 줄이고 싶어서 그러고 있지만 비중이 오히려 커지는 것 같고 혼란스러워요. 대출까지 받아서 진행한 투자 금액이 크다 보니 오르고 내리는 것에 스트레스를 너무 많이 받고 있어요."
"일단 대출금을 상환하는 쪽으로 방향을 돌리는 것이 어떨까요. 대출로 인해서 발생하는 손해를 줄이는 것이 지금 가장 급한 일이에요. 그리고 주식 이외에 확실한 현금도 있어야 한다고 생각합니다. 연금저축과 공제회에 납입하는 금액과 매달 매입하는 해외 주식을 줄이거나 멈추고, 먼저 대출금을 상환하는 것이 좋겠어요"

"우선 최대한 열심히 대출금을 갚는 데 집중해 볼게요. 지출도 최대한 줄이고 매달 손실을 없애려 비중만 키우던 주식 투자도 잠시 쉬면서 다달이 갚는 대출상환 금액도 늘려 보겠습니다. 위험한 투자 상품은 일부 정리하고, 주가가 다시 오를 때마다 욕심을 버리고 처분해 나가려 합니다. 제가 감당할 수 있는 수준까지 투자 금액을 조금씩 줄여 나가도록 하겠습니다.

돈을 집중적으로 모으면서 대출을 상환하는 것으로 저의 새로운 단기 목표를 설정했습니다. 목표를 세우고 나니까 앞으로 제가 무엇을 해야 하는지 감이 잡히는 것 같습니다."

성실 샘은 상담 초기에는 여기저기 꼬여 버린 돈의 흐름을 풀어 나가기 힘들어 했지만, 점점 자신의 상태를 객관적으로 확인하면서 스스로 실타래를 풀기 시작했습니다.

투자를 성공적으로 해 보고 싶은 마음에 자칭 투자 전문가들의 이야기에 의지하는 과정에서 계좌는 누더기가 되었습니다. 원칙 없이 투자하는 과정에서 처음에 가졌던 투자 목표와 체계는 무너졌지만 결국 스스로 잘못된 점을 깨달았습니다. 무엇부터 해야 할지 방향을 설정한 것이 가장 의미가 있었다는 것으로 성실 샘의 상담은 마무리되었습니다.

2022년부터 본격적으로 시작된 자산 시장의 조정 때문에 주식에 투자한 많은 분들이 가슴앓이를 하고 있을 것입니다. 사실 손실이 발생한 종목과 상품을 손절하는 것은 정말 쉽지 않습니다. 손절하기 전에는 그나마 원금 회복이라는 희망을 품을 수 있지만 손절하는 순간 손실이 확정되기 때문입니다. 하지만 많은 경우 원금 회복이 쉽지 않고 회복되더라도 오랜 기간이 걸립니다.

비록 계좌에 찍힌 '마이너스'가 마음 아프지만 이 또한 지나갈 것이고, 조정장의 뼈아픈 경험은 멀리 보면 미래의 풍요로운 삶에 좋은 자양분이 될 것입니다. 투자는 평생 이어져야 하고, 나만의 투자 길을 걸어갈 때 유일하게 기댈 수 있는 소중한 벗은 나의 경험일 테니까요.

비싼 학군지로 가야 할까요
교육과 이사가 고민인 40대 교사

상담자	여름 샘
교직 경력	24호봉, 충북 근무
재무 여건	40세, 여성, 기혼, 남편은 지방 공기업 재직 중, 초등학교 4학년 자녀 1명
보유 자산	거주 중인 아파트 한 채(4~5억), 부동산 투자(4억)
상담 시기	2022년 11월

"안녕하세요, 저는 충북에서 근무하고 있는 40대 여교사입니다. 남편은 지방 공기업을 다니고 있고요. 현재 초등학교 4학년인 아이를 두고 있습니다. 정말 특별할 것 없는 평범한 가정이라 큰 욕심 없이, 어려움 없이 살

고 있어요. 그래서 오히려 평범한 게 고민입니다. 다른 분들은 재테크다 부동산이다 주식이다 열심히 공부도 하고 돈도 모으는데 저희는 그런 것 없이 지내고 있어서 '뭔가를 해야 하나?'라는 생각이 듭니다. 이번 기회에 부족한 것을 찾아보려고 합니다."

여름 샘의 신청글에서 가장 눈에 띄었던 부분은 '평범한 가정'이었습니다. 지금까지 재무 상담을 진행했던 선생님들의 경우는 내 집 마련을 비롯해 한두 가지 이상의 재무 고민을 가지고 있었거든요. 그 고민으로 인한 걱정이나 두려움을 안고 있었고요. 평범한 가정이라고 하더라도 고민은 있을 수 있습니다. 재무 설계는 현재뿐만 아니라 미래를 위한 대비의 의미도 있으니까요. 여름 샘은 이번 재무 상담을 통해 재무 상태와 재무 목표를 알아보기로 했습니다.

늦었다고 생각될 때는 진짜 늦다!
재테크를 지금 당장 시작해야 하는 이유

"여름 샘, 신청하신 글을 보면서 부러웠어요. 근심 걱정 없는 평범한 가정은 많은 선생님들이 바라는 모습이지 않을까 싶어요."

"오히려 너무 걱정 없이 살았나 싶은 생각이 들어요. 아이가 어려서 육아에 전념하다 보니 재테크에 너무 소홀했고요."

"누가 그러더라고요. 늦었다고 생각될 때는 진짜 늦은 거라고요. 지금이라도 빨리 시작하면 돼요. 그러면 우선 재무 설계의 방향부터 같이 찾아볼까요?"

단기 재무 목표	• 소비 지출을 줄이고 남은 금액을 작게라도 투자할 수 있는 목돈으로 만드는 것
장기 재무 목표	• 아이가 컸을 때 어렵지 않게 사회생활을 시작할 수 있는 기반을 마련해 주는 것 • 부부의 노후 대비
재무 관리 노력	• 교직원공제회 장기저축급여 90만 원 • 남편 연금저축 50만 원 • 청약적금 가족별 10만 원씩 총 30만 원
부동산 현황	• 아파트 자가(4억 5,000만 원, 대출 1억)
향후 주요 생애 주기별 이벤트	• 아이 중·고등학교 입학 및 대학 입학 • 자동차를 바꾸고 싶으나 고민 중

여름 샘의 재무 목표를 살펴보면 단기와 장기 둘 다 구체적이지 않습니다. 아무래도 이제 막 재무 고민을 시작한 상황이기 때문이겠죠. 장기 재무 목표는 사실 먼 미래의 바람이기 때문에 구체적인 목표를 잡는 것보다 방향을 잡아 보는 정도에 의의를

뒤도 무리는 없습니다. 오히려 재무 설계의 관점에서는 단기 재무 목표가 장기 재무 목표보다 더 중요합니다.

여름 샘의 단기 목표는 '소비를 줄이고 남은 금액을 작게라도 투자할 수 있는 목돈으로 만드는 것'입니다. 현재 재무 관리에서 투자 부분에 아쉬움을 갖고 있다는 점을 알 수 있죠. 그리고 '재무 관리 노력'에 기록한 내용을 보면 매월 생기는 여윳돈 대부분을 교직원공제회 장기저축이나 연금저축과 같은 연금성 상품에 쌓고 있습니다. 그렇기 때문에 현재 가정의 수입과 지출을 살펴보고 얼마만큼의 소비를 줄일 수 있는지, 매달 얼마만큼의 여윳돈을 마련할 수 있는지를 가늠해 투자와 관련된 구체적인 단기 재무 목표를 세우면 좋을 것 같습니다.

"재무 목표 달성 확률을 높이기 위해서 목표를 더 구체적으로 잡아 보는 게 좋을 것 같아요. 당장 장기 재무 목표를 구체적으로 잡기 힘들면 단기 재무 목표라도 구체적으로 잡아 보면 어떨까요?"

"대부분의 적금을 연금으로 넣고 있어서 사실 비상금으로 사용할 수 있는 현금이 부족해요. 그래서 차를 못 바꾸고 있어요. 단기 목표를 더 구체적으로 정한다면 자동차 구입으로 잡고 싶습니다. 지금 차에 불만은 없지만 고생한 남편을 위해서 좋은 차로 바꾸고 싶다는 생각이 드네요."

"그러면 투자를 위한 목돈 마련이 아니라 차량 구입으로 단기 재무 목표를 세워 볼게요. 구체적으로 몇 년 후에, 얼마 정도의 돈을 마련할지 목표를 세우기 위해서 현재 수입과 지출을 살펴보면 좋을 것 같아요."

대화 과정에서 여름 샘의 단기 재무 목표는 투자와 관련된 것이 아닌 차량 구입으로 바뀌었습니다. 재무 상담을 통해 막연한 바람이 구체화되면서 현재 상황에서 더 중요한 것을 재무 목표로 정하게 된 것입니다. 이와 같이 자신의 재무 상황을 더 구체적으로 고민하고 해법을 찾아가는 것이 재무 상담과 재무 설계의 의의 중 하나라고 할 수 있습니다.

우리 집 소비성향 분석하기

여름 샘 가계의 월 지출 내역을 살펴보면 869만 원 정도입니다. 상담 과정에서 밝힌 가계의 월수입 약 850만 원과 약간의 차이가 있었습니다. 여름 샘에 따르면 매월 지출 변동이 있어 정확하게 기록하지는 못했다고 합니다. 수입과 지출이 일치하지 않는 것에 대해서 본인이 어느 정도 인지하고 있고 새는 돈이라 할 수 없어 더 구체적으로 돈의 행방을 찾아볼 필요는 없었습니다.

고정지출		변동지출	
경조사용 저축	20만 원	남편, 아내 용돈	37만 원
관리비 + 가스비 + 수도세 등	25만 원	외식비	20만 원
국민연금(남편)	36만 원	주유비	20만 원
보험료	36만 원	기타	20만 원
생활비(식비 등)	110만 원	병원비	10만 원
부모님 용돈	50만 원	방학 여행 자금 마련	110만 원
자녀 교육비	130만 원		
휴대폰 및 인터넷 요금	8만 원		
부채 상환 원리금	67만 원		
공제회 장기저축 + 연금저축 + 주택청약	170만 원		
계	652만 원	계	217만 원

"이번에 한 달 지출을 정리하면서 깜짝 놀랐어요. 나름 대로 아껴 쓴다고 쓰는데 생각보다 많더라고요. 저희 집 씀씀이가 다른 집과 비교해서 어떤지 알고 싶어요. 돈을 많이 모으는지 적게 모으는지도 궁금하고요."

여름 샘 가계가 돈을 어느 정도 쓰는지 살펴보기 위해 가계 수지 상태 분석과 소비성향 분석을 해 보았습니다. 가계수지 상 태란 총 지출을 총 수입으로 나누어 백분율로 표시한 것입니다.

이때 총 지출은 공제회 장기저축 등의 저축 금액을 제외한 금액입니다. 여름 샘의 가계수지 상태는 '총 지출 699만 원(869만 원-170만 원)'을 '총 수입 850만 원'으로 나눈 결과 82.2%였습니다.

소비성향 분석을 위해서는 고정지출과 변동지출 분류를 소비 지출과 비소비 지출 분류로 바꿔야 합니다. 소비 지출은 개인이나 기업이 최종 재화나 서비스를 구매하고 지출한 금액입니다. 위 지출 항목 중 관리비, 생활비(식비 등), 자녀 교육비, 휴대폰 및 인터넷 요금, 용돈, 외식비, 주유비, 병원비, 여행비, 기타가 소비 지출 항목에 해당합니다. 소비 지출은 총 490만 원, 비소비 지출은 총 209만 원이었고, 따라서 소비성향은 '490만 원 ÷ (850만 원-209만 원) = 76.4%'로 나타났습니다.

"여름 샘 가계의 가계수지 상태는 82.2%예요. 보통 재무 설계 이론서에서는 평균 70%를 제시하고, 연령대별로 차이를 두고 있어요. 20대 50%, 30대 70%, 40대 80%, 50대 90%를 제시해요. 40대 기준으로 보면 씀씀이가 그렇게 큰 것 같지는 않아요. 평균소비성향도 76.4%이네요. 가계 가처분 소득을 보면 소득 5분위 중에서 4분위와 5분위 평균 사이에 해당되는데 4분위, 5분

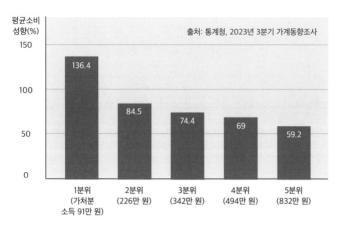

소득분위별 평균소비성향

평균소비성향(%)

출처: 통계청, 2023년 3분기 가계동향조사

- 1분위 (가처분소득 91만 원): 136.4
- 2분위 (226만 원): 84.5
- 3분위 (342만 원): 74.4
- 4분위 (494만 원): 69
- 5분위 (832만 원): 59.2

위 평균소비성향과 비교했을 때는 소비성향이 높아요."

"분석을 참고해서 생활비나 여행 자금을 줄여야겠어요."

재무 설계를 위해 가계의 소비성향을 분석할 때 전체 수입 중에서 소비가 차지하는 비중이 몇 %가 되어야 하는지 궁금해하는 경우가 있습니다. 물론 자신과 비슷한 연령대 혹은 비슷한 수입의 계층과 비교해 적절한 비율을 찾을 수 있겠지만 그런 비교만으로는 한계가 있습니다.

같은 연령대 혹은 비슷한 수입의 계층이라도 가족 구성원의 차이에 따라 소비성향이 크게 다를 수 있고, 추구하는 삶의 방식도 많이 다르기 때문입니다. 정답을 찾기보다는 자신과 가족의 재무 목표와 삶의 방식에 맞는 적정 비율을 찾아가는 것이 좋습니다.

구체적인 단기 목표 세우기

가계의 수입과 지출 분석을 통해서 현재 재무 상태를 확인해 봤습니다. 이제 분석한 결과를 바탕으로 구체적이고 현실 가능성이 있는 단기 재무 목표를 세울 차례입니다. 앞서 여름 샘은 차량 구입을 단기 재무 목표로 삼기로 했습니다. 하지만 여기에 문제가 하나 있습니다. 새 차를 구입하려면 현재 기준으로 4,000~5,000만 원 정도가 필요한데 여름 샘의 현금 흐름으로는 여윳돈을 많이 만들어 내기 힘들었습니다. 2~3년 내에 차를 구입하는 것이 쉽지 않았기 때문에 2~3년 후 대출을 이용한다고 생각하고 목표 금액을 정하기로 했습니다.

"대출을 이용한다고 생각하면 1년에 700만 원, 한 달에 50~60만 원 정도씩 모으면 되니까 그렇게 어려운 목표는 아닐 거예요. 하지만 현재로서는 50~60만 원의 여윳돈이 나올 길이 보이지 않고, 불필요한 지출을 줄이더라도 매월 50~60만 원을 만드는 것은 쉽지 않아 보여요. 교직원공제회 장기저축급여나 연금저축에 들어가는 돈 중 일부를 단기 재무 목표 달성을 위해서 모으는 것은 어떨까요?"

"예전에 그 고민을 한 적이 있어요. 하지만 남편은 공무원연금 가입자가 아니다 보니 노후 대비가 걱정돼서 쉽게 선택을 못 하겠더라고요."

"교직원공제회나 연금저축으로 납입하는 돈 중 일부만 짧은 기간 잠시 쉬는 거라서 큰 무리는 없을 거예요. 매년 임금도 올라가니까 임금이 올라가는 만큼 여윳돈이 생기면 다시 납입금을 원상 복구해도 좋지 않을까요?"

"지출을 조금 줄이고, 교직원공제회랑 연금저축 중에서 일부 금액만 단기 재무 목표를 위해서 모아도 괜찮겠네요. 그렇게 한 번 실천해 보겠습니다."

여름 샘의 단기 재무 목표

단기 재무 목표	3년 동안 2,000만 원을 모으고 대출을 활용하여 5,000만 원 내외 가격의 차량을 구입한다.
월 저축액	55만 원 내외
월 저축액 마련 방법	지출을 줄여 10만 원의 여윳돈 만들기 + 교직원공제회 월 납입액을 조정하여 45만 원 마련하기
돈을 모아 둘 곳	적금 가입(중간에 혹시 모를 상황을 대비하여 10만 원, 20만 원, 25만 원의 돈을 1년 만기, 2년 만기, 3년 만기로 구분지어 가입)

맹모삼천지교, 자녀 교육과 부동산

자녀가 초등학교 고학년에 접어드는 40대 선생님들의 가장 큰 관심 중 하나는 자녀 교육입니다. 여름 샘이 처음 적었던 재무 목표를 살펴보면 곳곳에 자녀 교육에 대한 관심이 드러납니다. 특히 향후 주요 생애주기별 이벤트의 대부분이 자녀의 진학에 관련된 내용으로 채워져 있습니다. 이런 관심과 애정은 자연스럽게 장기 재무 목표에도 담겨 있습니다.

자녀 교육에 대한 관심은 부동산으로 이어지기 마련입니다. 맹모삼천지교라는 말처럼 많은 부모들이 자녀가 공부하기에 더 좋은 환경을 만들어 주는 데 관심을 갖습니다. 명문 중·고등학교가 있는가, 좋은 학원이 많은가, 좋은 친구들을 사귀기에 적절한 학군인가 등을 고려해 이사를 고민하는 것입니다.

부동산에 대한 고민은 재무 설계에 있어서도 굉장히 중요한 부분입니다. 여름 샘도 자녀 교육에 대한 관심이 높아 보이기 때문에 부동산에 대한 고민도 어느 정도는 하고 있을 거라 생각했습니다.

당장 목표를 세우고 행동에 옮기지 않더라도 지금부터 고민을 시작해야 몇 년 후 실제 계획을 세워 행동으로 옮길 때 더 좋은 선택을 할 수 있기 때문에 논의를 해 보았습니다.

"재무 목표나 상담 과정에서 부동산에 대한 고민은 잘 드러나지 않았어요. 부동산과 관련된 고민을 별도로 하고 있진 않으신가요?"

"사실 현재 제일 고민하고 있는 부분이에요. 생각은 많은데 본격적으로 고민하기 시작한 지 얼마 되지 않았고 머릿속으로도 잘 정리가 되지 않아서 별도로 적진 않았어요."

"부동산과 관련된 고민을 들려주실 수 있나요?"

"현재 거주하고 있는 지역은 좋은 중학교나 고등학교가 있는 학군지는 아니에요. 학원도 많이 보내고 교육에도 관심이 많은 지역이지만 학군지만큼은 아니고요. 공부보다는 예체능 등에 더 많이 교육비를 쓰는 것 같기도 해요. 얼마 전까지 아이가 조금 더 크면 학군지로 이사할 계획을 가지고 있었어요. 그런데 몇 년 사이에 집값이 너무 올랐죠."

구체적인 계획을 세우기 위해 집값에 대해서 자세한 상황을 물어보았습니다. 현재 여름 샘의 집은 4~5억 정도의 자산 가치를 지니고 있는데 이사를 희망하는 학군지의 집을 구매하기 위해서는 6~7억 정도가 필요한 상황이었습니다. 예전에는 시세가 비슷했지만 몇 년 사이에 차이가 많이 벌어졌죠. 갑자기 오른 집

값이 심적으로 부담이 되더라도 현재 시장 가치를 인정하고 빨리 받아들여야 합니다. 훗날 가격이 더 오를지 떨어질지는 부동산에 관한 전문 지식이 없으면 전혀 예측할 수 없으니까요. 현재의 시장 가치를 인정하고, 본인 가계의 재무 상태를 먼저 파악해서 이사를 가는 것이 합리적인 결정일지 고민해야 합니다.

여름 샘의 재무 상태

자산		부채 및 순자산	
항목	금액	항목	금액
현금성 자산(비상금)	500만 원	장기 부채	1억 1,000만 원
연금성 자산*	1억 5,000만 원		
투자자산(주식)	1,000만 원		
그 외 투자자산(청약)	1,500만 원		
사용자산(부동산)	4억 5,000만 원 (아파트)		
사용자산(차)	1,000만 원	총 부채	1억 1,000만 원
총 자산	6억 4,000만 원	순자산	5억 1,000만 원

자산: 현재 가치로 평가

---

* 연금저축, 연금보험, 교직원공제회 장기저축급여와 같이 노후를 대비하여 모아 둔 자산을 의미합니다.

여름 샘 가계의 재무 상태를 살펴보면 총 부채가 1억 1,000만 원으로 총 자산에 비해서 적다는 것을 알 수 있습니다. 그렇기 때문에 학군지 이사를 위해 2억 원의 대출을 일으킬 여력은 충분해 보였습니다. 2억 원의 대출을 받아 총 대출 금액이 3억 1,000만 원이 된다고 했을 때, 이를 30년 이상 상환하며, 대출금리를 보수적으로 5%라고 가정하면 월별 납부해야 할 원리금은 160만 원가량 됩니다. 이는 현재 대출 원리금 상환으로 들어가는 67만 원에서 100만 원 정도 더 들어가는 돈이기 때문에 교직원공제회 장기저축급여와 연금저축 납입을 중지한다면 가능하다고 볼 수 있습니다.

"부채가 많지 않아서 현재 상황에서 대출을 2억 정도 더 일으킬 여력은 있는 것 같아요. 금전적인 부분은 너무 크게 고민하지 마시고 자녀 교육에 대해 깊이 있게 고민하고 현명한 결정을 내리는 것에만 집중하셔도 좋겠어요."
"상담을 계기로 아이 교육에 대해서 진지하게 생각해 볼 수 있었습니다. 현재 살고 있는 지역이 농어촌 지역이라서 농어촌 전형을 노릴지, 아니면 학군지로 이사하는 게 더 나을지, 자사고나 특목고를 보낼지 두루두루 고려해 보았습니다. 당장은 답이 나오지 않지만 아직은 시간이 있으니 아이의 의사나 이사하고 싶은 지역의 면

학 분위기, 학원에 대한 정보도 알아보고, 부동산도 지
켜보려고요."

"자녀 교육 같은 중요한 문제를 당장에 결정할 필요는
없어요. 말씀하신 것처럼 여러 정보를 수집하다 보면 아
이에게 더 좋은 선택을 하실 수 있을 거예요."

재무 상담이나 재무 설계의 과정은 단순히 우리 가계가 지
금 얼마를 벌고, 얼마를 쓰고 있으며 얼마를 더 아낄 수 있는지
숫자를 계산하는 과정만은 아닙니다. 당장 보이는 것은 몇 가지
숫자들이지만 그 숫자들을 들여다보면 가계의 삶의 모습과 고민
이 묻어납니다. 무엇보다 본인도 지금까지 눈치 채지 못했거나
외면했던 모습들, 고민들을 마주할 수 있기 때문에 더 나은 삶을
살기 위한 좋은 계기가 될 수 있습니다.

가계수지 및 평균소비성향 비교

재무 상담에서 본인의 지출 규모가 작은지 큰지, 소득 규모에 적절한 지출은 어느 정도인지 궁금해 하는 경우가 많습니다. 각자 처한 상황이 다르기 때문에 적절한 지출 비율에 대한 정답은 없습니다. 하지만 비슷한 소득의 사람들과 가계수지나 평균소비성향을 비교한다면 자신의 지출이 어느 정도인지 가늠할 수 있습니다.

1. 가계수지 상태 분석 및 비교하기

가계수지는 가계의 소득 중 현재 삶을 유지하기 위해 지출하는 금액이 어느 정도인지를 파악하기 위한 지표로, 재무 상태 분석 및 평가를 위한 지표 중 하나입니다. 계산 방법은 다음과 같습니다.

$$\frac{\text{총 지출(고정지출+변동지출)}}{\text{총 소득(총 유입-기타 유입}^*)}$$

소득	1분위	2분위	3분위	4분위	5분위
가계수지	131.1%	87.5%	78.9%	75.2%	64.1%

출처: 통계청, 2022년 4분기 가계동향조사

---

* 부모님으로부터 지원받은 돈과 같이 본인 가계의 노력에 의한 소득이 아닌 것을 의미합니다.

2. 소비성향 분석 및 비교하기

자신의 평균 소비성향은 다음과 같이 계산할 수 있습니다. 그리고 앞서 나온 소득 분위별 평균 소비성향과 비교하면 자신의 소비 지출이 어느 정도인지 판단해 볼 수 있습니다.

$$\text{평균 소비성향} = \frac{\text{소비 지출}}{\text{가처분소득}^*} \; \%$$

* 세금, 각종 공과금을 제외하고 자유롭게 소비, 저축할 수 있는 소득으로, 경상소득에서 비소비 지출을 뺀 금액입니다.

수익형 부동산, 쉽지 않네요
부동산 투자로 가슴 앓는 부부교사

상담자	도니 샘
교직 경력	18호봉, 경기도 근무
재무 여건	33세, 여성, 기혼, 경기도 거주, 자녀 없음
보유 자산	아파트(5억), 오피스텔(1억), 지식산업단지 사무실 (2억 1,000만 원)
상담 시기	2022년 10월

"안녕하세요, 많은 선생님들처럼 저희 부부도 경제적 자유를 바라고 있습니다. 멀지 않은 시기에 미련 없이 교직을 떠날 수 있도록 2년 전부터 수익형 부동산 투자에 본격적으로 뛰어들었습니다. 그런데 2022년 초부터 금

리가 무섭게 오르면서 걱정이 많아졌습니다. 반년 동안 금리가 오르는 걸 지켜보고 앞으로 금리가 더 오른다는 얘기를 뉴스에서 접하면서, 투자 실패에 대한 두려움이 커졌습니다. 좋은 해법을 찾고 싶습니다."

재무 상담은 부동산 투자 상담과 다르기에 도니 샘에게 현재 투자 중인 수익형 부동산의 입지 분석과 미래 가치에 대한 의견을 드릴 수는 없었습니다. 하지만 미래에 발생할 수 있는 다양한 가능성(특히 금리 상승에 따른 이자 부담)에 대비하기 위해 현재 재무 상태와 현금 흐름을 함께 살펴보고 재무 관리에 위험이 숨어 있는지 살펴 대비책을 함께 마련해 보았습니다.

부동산 투자, 확증편향을 경계하자

투자를 하게 되면 확증편향*으로 인해 투자자산의 미래 가치에 대해 어느 한쪽으로 쏠리는 경우가 많습니다. 하지만 부동산이든 주식이든 미래 가치에는 수많은 변인이 영향을 미치고 환경은 늘 변하기 때문에 어느 한쪽으로 치우친 예측은 해가 될 수

---

* 사실 여부를 떠나 자신의 견해나 주장에 도움 되는 정보만 선택적으로 취하고, 믿고 싶지 않은 정보는 의도적으로 외면하는 성향. 자기중심적 왜곡(myside bias)이라고도 합니다.

있습니다. 다양한 경우에 대비해서 튼튼한 재무 설계를 하는 것이 중요합니다.

"도니 샘, 요즘 정말 무섭게 금리가 올라가네요. 물가가 너무 가파르게 오르다 보니 당분간 계속 금리가 오르는 것은 어쩔 수 없는 것 같아요. 그래도 극단적으로 생각하기보다는 여러 경우의 수를 살펴 대비하는 것이 좋겠어요."

"여러 경우의 수와 대비 방법에는 어떤 것들이 있을까요?"

"누구도 앞으로 대출금리가 어떻게 움직일지 정확하게 예측할 수는 없어요. 사실 전문가들의 예측도 틀리는 경우가 많거든요. 대출금리가 별로 오르지 않거나 떨어질 거라고 긍정적으로만 생각하거나, 대출금리가 과도한 수준까지 높게 오를 거라고 부정적으로만 생각하면 제대로 재무 준비를 할 수 없어요. 여러 가지 경우의 수를 생각해 봐야죠.

앞으로 금리가 1% 더 오를 때, 2%, 3% 더 오를 때에 얼마만큼 이자 부담이 커지는지 살펴보고 이를 자신이 충분히 견딜 수 있는지 생각해 보면 선택의 해법이 보일 거예요. 우선은 도니 샘의 재무 상태부터 살펴보고 금리 인상 시나리오별로 재무 계획을 세워 봐요."

도니 샘의 재무 상태

단기 목표	• 금리 상승으로 인한 부채 줄이기 • 태어날 아이를 위한 자금 모으기
장기 목표	• 서울 내 아파트 구입하기 • 10년 후 교직에서 벗어날 수 있도록 경제적 자유 갖기

부동산 현황	• 경기도 아파트 34평 자가 소유(시세 5억)
	• 오피스텔 1채 소유
	  (시세 1억, 매달 35만 원 월세 발생, 매도를 희망하고
	  있지만 팔리지 않음)
	• 지식산업센터 사무실 1채
	  (분양가 2억 1,000만 원, 매달 75만 원 월세 발생)

부채 현황	• 아파트 부채 3억(매달 107만 원 원리금 상환 중) • 오피스텔 1억(2년마다 갱신, 매달 34만 원 이자 상환 중) • 지식산업센터 사무실 2억(2년마다 갱신, 매달 125만 원 원리금 상환 중)
투자를 위한 노력	• 주식 투자(소액) 및 공부 • 식물 삽목으로 분양 예정(10~100만 원의 수익 예상)

재무 고민	• 오피스텔과 지식산업센터 사무실 대출이 걱정. 특히
	  급격히 금리가 오르고 있는 상황에서 투자 손실이 발
	  생할 것 같고 일시상환이라 대출 갈아타기도 고민임

도니 샘의 재무 정보를 살펴보면 부동산과 관련된 고민이 많이 엿보입니다. 특히 수익형 부동산으로 오피스텔뿐만 아니라 지식산업센터 사무실에 투자한 부분이 눈에 띕니다.

지식산업센터에 대해서는 언론을 통해 소식을 종종 접할 수 있습니다. 하지만 실제 주변에서 투자한 사례는 보기 드뭅니다.

왜 그럴까요? 그만큼 위험성이 크고 투자 정보에 대한 접근성도 아파트와 같은 부동산에 비해서 떨어지기 때문입니다. 여기에 투자를 하고 있는 것으로 보아 도니 샘이 얼마나 부동산에 많은 힘과 시간을 들이고 있는지 알 수 있습니다. 그렇지만 이런 열정의 반대급부로 대출 또한 커진 상태입니다. 현재 자가 부동산을 포함한 모든 부동산의 대출이 6억 원이나 됩니다.

"지난번에 말씀하신 것처럼 부동산 투자를 적극적으로 하고 계시군요. 지식산업센터에 투자할 생각은 어떻게 하게 된 건가요?"

"아무래도 소프트웨어의 가치가 높아지는 흐름이니 지식산업센터 쪽에 많은 기회의 장이 열릴 것 같더라고요. 그래서 나름대로 자료도 찾아보고 공부도 하면서 투자를 시작했죠. 그런데 몇 달 사이에 금리가 너무 많이 올라서 걱정이 이만저만이 아니에요."

"지금처럼 급격하게 금리가 오르는 경우는 드물었죠. 이렇게 금리가 빠르게 오르면 대출상환액도 크게 올라서 자금 사정이 많이 나빠질 수밖에 없어요. 하지만 막연한 두려움 때문에 부동산을 처분할지 말지를 고민하기보다는 실제 가계의 현금 흐름을 살펴보고 이자 부담을 어느 정도까지 견딜 수 있는지 먼저 파악해 보죠."

수익형 부동산, 쉽지 않네요

대출로 투자를 한 경우에 예상과 다른 환경의 변화로 현금 흐름이 악화될 때 가장 힘듭니다. 대출금리는 금융시장 환경에 따라 늘 변화하는데 대부분 정상 범위 내에서 움직이지만 간혹 그보다 높게 올라 버리면 늘어난 이자를 감당하기 힘들어집니다. 그런 경우 울며 겨자 먹기로 자산을 처분하는 상황으로 몰리게 됩니다. 비정상적으로 금리가 높아지는 경우는 흔치 않고, 시간이 지나면서 다시 낮아질 확률이 높지만 현금 흐름이 악화되면 그 시간을 견디지 못합니다.

도니 샘도 예상보다 높은 금리 인상으로 자금 압박을 느끼기 시작했습니다. 아직까지는 견딜 수 있는 수준이지만 앞으로 어디까지 버틸 수 있는지 제대로 파악하는 것이 중요하기 때문에 가계의 수입과 지출을 정확하게 살펴보기로 했습니다.

도니 샘은 지금까지 가계부를 써 본 적이 없어 수입과 지출을 정확하게 파악하고 있지 않았습니다. 그래서 손쉽게 수입과 지출을 파악하기 위해 관련 어플을 사용하기로 했습니다. 물론 마이데이터*에 기록되지 않는 지출 내역은 파악할 수 없지만 아직 가계부 정리에 익숙지 않은 도니 샘에게 효율적인 방법이기 때문에 사용하기로 했습니다.

---

* 개별 금융기관이 아닌 금융 소비자 본인이 은행, 계좌, 신용카드 이용 내역 등 자기 금융 데이터의 주인이 되어 신용 관리 및 자산 관리에 적극적으로 활용하는 것을 말합니다.

점도표를 활용해 금리 인상 시나리오 작성하기

도니 샘의 수입과 지출을 살펴보면 한 달 평균 876만 원가량을 지출하고 있고 이는 한 달 평균 수입과 유사한 금액입니다. 하지만 이 중에서 연금보험과 대출 원리금 상환, 저축액이 417만 원이기 때문에 한 달 평균 수입인 876만원에서 417만원을 제외한

고정지출		변동지출	
경조사용 저축	20만 원	부부 용돈	90만 원
관리비 + 가스비 + 수도세 등	27만 원	병원비	3만 원
보험료(자동차 포함)	31만 원	생활용품 구입	13만 원
임대사업용 세금 (월 평균)	21만 원	의류 및 잡화 구입	25만 원
생활비	65만 원	기타	50만 원
식비(외식비 포함)	88만 원	저축(자유입출식)	105만 원
급식비	7만 원		
주유비(부부)	25만 원		
통신비 등	14만 원		
연금보험	30만 원		
대출 원리금 상환	242만 원		
여행용 저축	20만 원		
계	590만 원	계	286만 원

실제 지출은 459만 원입니다. 부동산 임대료로 수입도 적지 않지만 지출도 적지 않습니다.

물론 대출 원리금 상환액 242만 원 중 일부는 이자 지출로 나에게 전혀 남지 않는 돈이지만 또 다른 일부는 원금 상환으로 저축과 크게 다르지 않습니다. 도니 샘이 얼마나 많은 돈(남지 않고 사라지는 돈)을 지출하고 있는지 정확히 파악하기 위해서는 대출 원리금 상환액을 뜯어보아야 합니다.

하지만 이번 수입과 지출 파악의 목적은 이자 상승에 따라 가계 부담이 얼마나 커지는지 가늠하여, 가계가 이자 상승을 견딜 만한 체력을 가지고 있는지 알아보려는 것이어서 이 부분은 따로 살펴보지 않고 넘어갔습니다.

"수입과 지출을 살펴보니까 현재 대출 원리금 상환액은 242만 원이네요. 그 외에 자유입출금식으로 모으는 돈도 한 달 평균 105만 원이나 되고요."
"그것보다 더 많을 때도 있는데 한 번씩 예상치 못한 지출이 생겨서 자유입출금 통장에 돈을 모아 두었다가 사용하고 있어요."
"연금보험도 매달 30만 원씩 넣고 있는데 이 부분도 추후에 가계 재정 상황이 안 좋아지면 잠시 중지해도 좋겠어요."

"그건 생각 못해 봤는데, 그렇게 하면 돈이 전혀 빠져나가지 않나요?"

"보험사마다 상품의 특성이 달라서 조금씩 차이가 있겠지만 연금보험 상품의 경우 대부분 중도에 납입을 잠시 쉴 수 있고, 납입금을 조정하여 줄일 수도 있습니다. 잠시 쉬더라도 보험 가입은 계속 유지되기 때문에 보험료에 해당되는 금액만큼은 이미 납입한 적립금에서 충당될 수 있어요.

납입금 조정 시에는 환급으로 처리되어 환급율에 따라 원금을 모두 받지 못할 수도 있다는 점은 유의해야 합니다. 여행용 저축도 여차하면 활용할 수 있는 돈이기 때문에 생각보다는 여유가 있는 것 같아요."

"그런가요? 다행이네요."

"그래도 금리가 얼마까지 오를 수 있을지 시나리오를 만들어 보고 각 시나리오마다 이자가 얼마까지 오를지 예상해 보려고 해요. 그래야 실제로 그런 상황이 닥쳤을 때 두려움으로 인한 비이성적인 판단과 선택을 예방할 수 있거든요."

금리 상승 시나리오를 만들기 위한 기초 자료로 미국 연방준비제도이사회(이하 연준)에서 발표하는 기준금리 점도표를 활용하기로 했습니다. 기준금리 점도표란 금융시장이 놀라지 않도록 중앙은행이 사전에 미래 기준금리를 예측하여 공개하는 표입니다.

물론 우리나라 금융통화위원회(이하 금통위)에서도 점도표를 발표하지만 최종적으로는 연준 기준금리의 영향을 더 많이 받기 때문입니다.

미국 연준은 2022년 9월, 기준금리를 3.0∼3.25%로 0.75% 인상했습니다. 보통은 기준금리를 0.25% 정도 조정하는

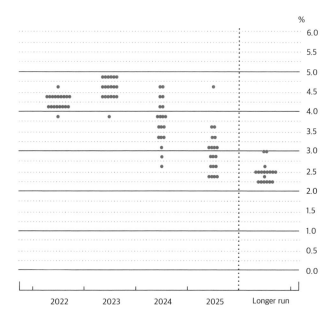

2022년 9월 FOMC 점도표

데 인플레이션으로 물가가 큰 폭으로 상승하면서 무서울 정도로 급격히 금리를 높이고 있습니다.

연준은 금리 인상 발표와 더불어 점도표라는 것도 발표해서 향후 금리를 얼마나 올릴지 시장에 미리 연준 위원들의 생각을 공유했습니다. 갑작스러운 금리 변화에 대해 시장이 미리 대비할 수 있도록 신호를 주는 것이죠.

2022년 9월 점도표를 보면 많은 연준 위원들이 2022년에 4.25~4.5% 정도까지 기준금리를 높일 것으로 예상하고 있습니다. 그리고 2023년에는 4.5~4.75%까지, 그 이상을 예상하는 위원들도 상당수 있는 것을 확인할 수 있습니다.

연준의 점도표를 기준으로 이자 금리를 예상해 보면 지금보다 1.5%가량 금리가 더 올라갈 수 있습니다. 하지만 이는 어디까지나 현재 연준이 제시하는 점도표를 기준으로 했을 때 예상되는 금리입니다. 실제로는 이보다 더 낮아질 수도 있고 더 높아질 수도 있습니다.

여기서는 도니 샘 가계가 앞으로의 금리 인상을 버틸 여력이 있는지를 살펴보는 것이 중요하기 때문에 금리가 더 높아지는 경우만 따져 이자 증가를 예상해 보았습니다.

총 부채	시나리오	월별 이자 상승
6억 원	'합리적 예상' 대출금리 1.5% 상승	+75만 원
	'더 보수적인 예상' 대출금리 2.5% 상승	+125만 원
	'훨씬 더 나쁜 예상' 대출금리 3.5% 상승	+175만 원

도니 샘의 월 평균 지출을 살펴보면 연금보험 30만 원, 여행용 저축 20만 원, 자유입출식 저축 105만 원 등 총 155만 원의 여유 자금이 있습니다. 위의 시나리오에서 '더 보수적인 예상'이 현실화되어 대출금리가 2.5% 상승한다고 해도 대출 원리금 상환 여력이 있는 것이지요. 하지만 '훨씬 더 나쁜 예상'이 현실화될 경우에는 20만 원가량 부족합니다. 실제 일어날 가능성은 낮겠지만 이 시나리오가 현실화된다면 가계에 부담이 생길 수 있기 때문에 대비책을 마련해 놓을 필요는 있습니다.

"'만약 훨씬 더 나쁜 예상'이 현실이 될 경우 현재 수입만으로는 원리금 상환이 버거울 수 있어요. 가능성이 높지는 않아서 당장 원치 않는 가격으로 부동산을 처분할 필요는 없지만 대비책은 마련해 두어야죠."
"어떻게 하면 좋을까요?"

"지금까지 모아 둔 자산 중에서 금방 현금화할 수 있는 자산이 얼마 정도인지 파악해 보면 좋겠어요. 연준이 아무리 기준금리를 급하게 올려도 몇 년씩 지속되지는 않을 거예요. 결국 경기가 악화되면 자연스레 인플레이션도 완화되고 다시 경기를 살리기 위해서는 금리를 떨어뜨릴 수밖에 없거든요. 그런 의미에서 1~2년 정도 버틸 수 있는 현금성 자산이 있는지 확인하면 좋겠어요."

안전한 투자로 가계를 보호하자

'훨씬 더 나쁜 예상'에 따르면 매달 들어가는 이자가 175만 원 정도 됩니다. 도니 샘의 현금 흐름상 155만 원의 여유가 있으니 상쇄하면 월 20만 원이 부족합니다. 월 20만 원씩 1년이면 240만 원, 2년이면 480만 원이 부족한 셈입니다.

도니 샘의 자산 현황을 살펴보면 비상금으로 현금성 자산이 500만 원, 연금보험과 교직원공제회에 각 3,000만 원과 3,500만 원이 있습니다. 당장 쓸 수 있는 현금성 자산은 500만 원으로 높은 이자율이 2년간 지속된다고 가정하더라도 어느 정도 버틸 수 있습니다. 더불어 연금보험의 중도 인출 기능 혹은 교직원공제회의 일반 대여(장기저축급여와 퇴직가정급여금 한도 내)를 활용하면 그 이상의 상황에서도 버틸 여력은 있습니다.

도니 샘 가계의 자산 현황

자산		부채 및 순자산	
항목	금액	항목	금액
현금성 자산 (비상금)	500만 원	단기 부채 (1년 이내)	2,000만 원
저축성 자산	연금 보험 3,000만 원 교직원공제회 장기저축 3,500만 원	장기 부채	아파트 3억 원 오피스텔 1억 원 지식산업센터 사무실 2억 원
투자자산 (주식)	1,960만 원		
투자용 부동산	3억 1,000만 원		
사용자산 (부동산)	5억 원		
사용자산 (차)	2,500만 원	총 부채	6억 2,000만 원
총 자산	9억 2,460만 원	순자산	3억 460만 원

"자산 현황을 보니까 현금성 자산 500만 원이 있어서 금리가 많이 올랐을 때 1~2년 정도 버틸 수 있는 여력은 될 것 같아요. 연금보험의 중도 인출 기능이나 교직원공제회 장기저축급여 한도 내 대출을 이용하면 금리가 더 높아지더라도 버틸 수 있을 것 같고요."

"그런데 가지고 있는 모든 돈을 끌어 써야지 겨우 버틸 수 있을 것 같아서 상상만으로도 힘드네요."

"맞아요. 계산기 두드리면서 이야기하는 건 쉬운 일이죠. 실제로 그런 상황이 닥쳐서 이자 부담이 늘어나게 되면 심리적으로 더 힘들 거예요."

"무엇보다 계속 부동산 가격이 떨어지고, 경기가 안 좋아져서 부도나는 기업도 많아질 거라는 뉴스를 보면 힘들어요. 지금이라도 손해를 보고 부동산을 처분해야 하는지 고민도 들고요."

"그 마음도 십분 이해돼요. 그렇지만 금리가 올라갔다가 다시 내려가는 것처럼 경기나 부동산 시장의 분위기도 시간이 지나면 또 바뀔 거예요."

부동산이든 주식 투자든 제일 쌀 때 투자하고 제일 비쌀 때 수익을 얻을 수 있는 사람은 아무도 없습니다. 만약 그런 사람이 있다면 몇 번만 투자 흐름을 잘 타면 전 세계에서 가장 큰 부자가 되어 있겠죠. 그러니 자산 가격이 오를 때에는 반대로 떨어질 수도 있고, 떨어질 때에는 다시 오를 수도 있다는 사실을 명심하면서 투자를 해야 합니다.

금리도 마찬가지입니다. 지금 당장 금리가 낮아 대출에 대한 부담이 낮더라도 추후에 금리가 올라 부담이 오를 수 있음을 항상 염두에 두어야 합니다. 확증편향을 항상 경계하면서 다양한 시나리오를 만들어 위험으로부터 자신을 보호하며 투자할 필요가 있습니다.

행동경제학*의 바이블로 불리는 『생각에 관한 생각』에 따르면 인간은 얻을 때의 행복보다 잃을 때의 불행을 더 크게 느낀다고 합니다. 도니 샘도 지금과 같은 상황을 미리 알았다면 절대 무리해서 투자하지 않았을 거라고 했습니다. 투자할 당시에는 모든 부동산이 끝없이 오르고 금리는 계속 낮을 것 같았기 때문에 투자 안 하는 것이 바보처럼 느껴졌다는 것이죠.

가계를 관리할 때는 보수적으로 접근해야 합니다. 가정은 가족 구성원에게 그 어느 곳보다도 따뜻하고 안전한 공간이어야 합니다. 돈 때문에 불안한 공간이 되어 버리면 모두가 불행해질 수 있습니다. 무리한 투자로 불행을 불러오는 것보다는 안전한 투자로 행복을 찾는 편이 훨씬 더 경제적이고 합리적인 방향입니다.

"오피스텔이나 지식산업센터 사무실 중에 하나는 손해를 보더라도 정리할까 해요. 당분간은 부동산 경기가 계속 안 좋을 것 같은데 않는 이가 두 개 있는 것보다는 하

---

* 인간은 합리적 존재라는 고전경제학의 전제를 받아들이지 않고 인간의 비합리성을 탐구하는 경제학의 한 분야입니다.

나라도 줄이는 편이 좋겠어요. 대출금도 상환하고요. 금리가 많이 올라서 부담이 커지면 삶의 만족도도 너무 떨어질 거예요.”

“좋은 판단이네요. 오피스텔과 지식산업센터 사무실의 미래 가치를 잘 판단하셔서 정리하시길 바랍니다.”

취미로 돈 버는 방법,
식테크

도니 샘과 재무 상담을 진행하는 과정에서 특별한 취미 생활도 엿볼 수 있었습니다. 바로 식물 삽목입니다. 예전에는 흔히 꺾꽂이라고 불렸던 취미입니다.

단순히 취미로 하시는 분들도 있지만 조금 더 발전시켜 부수입을 창출하는 경우도 있다고 하네요. 몬스테라 알보 같은 희귀한 식물을 잘 키운 다음 분양하는 거죠. 바로 '식테크(식물+재테크)'예요.

집에서 누구나 할 수 있고, 잎이나 줄기만 하나씩 떼어 판매할 수도 있어서 꾸준히 수익을 낼 수 있는 게 장점이랍니다.

교육비 vs 노후 대비
40대 후반 교사의 사교육비 고민

상담자	괭이 샘
교직 경력	33호봉, 대구 근무
재무 여건	40대 후반, 여성, 기혼, 대구 거주, 남편은 교육청 재직 중, 고등학교 2학년, 중학교 3학년 자녀
보유 자산	거주 중인 아파트 1채(6~7억)
상담 시기	2022년 11월

"안녕하세요, 괭이 샘. 인터뷰에 응해 주셔서 감사합니다. 많은 선생님들, 특히 20~30대 선생님들이 선배들의 가계 재무 상황에 대해서 관심이 많아요. 40~50대 선배 교사들은 어떻게 돈 관리를 하고, 어떤 것에 지출을

많이 하는지 궁금해 해요. 괭이 샘의 사례가 후배 선생님들의 궁금증을 해결하는 데 많은 도움이 될 거예요."

"저희 집은 정말 평범해서 특별한 것이 없어요. 제대로 재무 설계를 한 것도 아니라서 배울 점이 있을까 싶네요."

"그냥 현재의 모습 그대로 나눠 주시는 것만으로도 많은 도움이 됩니다. 자녀가 중·고등학생이 되면 학원비가 많이 나가고, 가계에 지출도 많아진다는 것을 알지만 어디에 얼마나 들어가는지는 알기 힘드니까요."

사교육비, 얼마나 쓰고 있을까

우리나라는 사교육비 지출이 큰 편입니다. 자녀 교육에 관심이 있는 경우, 결혼했거나 아이를 가진 선생님들은 교육비에 대해 신경을 쓸 수밖에 없죠. 자녀가 자랄수록 학원비가 많이 든다는 것은 누구나 알고 있는 사실이지만 구체적으로 어떻게 가계 지출에 부담이 되는지는 자세히 모릅니다. 이미 이 과정을 거쳤거나 경험하고 있는 선배 교사의 이야기가 궁금증 해결에 도움이 될 것입니다.

괭이 샘은 남편도 교육공무원으로 일을 하고 있는 부부 공무원입니다. 고등학교 2학년인 첫째 아들과 중학교 3학년인 둘째 아들이 있지요. 평소에 따로 가계부를 적지 않아 이번 기회에 가계의 현금 흐름을 살펴보는 기회가 되기도 했습니다.

괭이 샘 가계의 지출 현황

고정지출		변동지출	
자녀 교육비(고)	176만 원	부부 용돈	80만 원
자녀 용돈(고)	20만 원	의류 등 구입	35만 원
자녀 교육비(중)	175만 원	각종 생활용품 구입	20만 원
자녀 용돈(중)	5만 원	취미 및 사교 활동	50만 원
가족 식비(외식 포함)	100만 원		
가족 보험료	49만 원		
부부 자동차 보험 (월 평균)	14만 원		
양가 부모님 용돈	100만 원		
관리비	30만 원		
부부 급식비	15만 원		
휴대폰 통신비, 케이블, 넷플릭스	28만 원		
주유비	35만 원		
부부 개인연금 및 교직 원공제회 장기저축급여	90만 원		
대출 원리금 상환	89만 원		
계	926만 원	계	185만 원

교육비 vs 노후 대비

예상했던 것처럼 꽹이 샘의 지출에서 가장 큰 부분을 차지한 것은 자녀 교육비였습니다. 자녀 용돈까지 합치면 한 달에 총 376만 원이 지출되고 있습니다. 가계의 한 달 총 지출이 약 1,100만 원가량이니까 그중 3분의 1인 셈입니다.

꽹이 샘에게 구체적인 자녀 교육비 지출 현황을 여쭤봤습니다. 현재 고등학교 2학년인 첫째 아이는 두 과목의 과외를 받고 있고 과외비로 한 달에 100만 원 이상이 듭니다. 그밖에도 인터넷 강의비 30~40만 원, 독서실 비용 20만 원 정도가 꾸준히 나가며 교재 구입비도 매달 5만 원 이상 쓰이고 있습니다. 중학생인 둘째의 경우에도 특목고 진학을 준비하기 위해 과외비로 한 달에 150만 원 정도를 지출합니다. 독서실과 교재비도 한 달에 20~30만 원 고정적으로 들고요.

"예상했던 대로 자녀 교육비가 많이 들어가네요?"
"하지만 저희 집은 평균 정도이거나 평균보다 약간 적게 쓰는 편이라고 생각해요."
"그렇다면 가계 수입이 크지 않을 경우 자녀 교육비를 감당하기가 정말 힘들겠는데요?"
"맞아요. 저희도 사교육비가 본격적으로 들어가기 전까지는 여윳돈이 있어서 해외여행도 종종 가고 취미 생활도 무리 없이 즐겼는데 지금은 그게 쉽지 않아요."

괭이 샘의 말처럼 다른 가계와 비교할 때 현재 지출하고 있는 사교육비가 그리 큰 편이 아닐지 모릅니다. 어쩌면 자녀가 속해 있는 학교의 다른 친구들이나 동네의 다른 가계와 비교했을 때 적게 쓰는 편에 속할지도 모르죠.

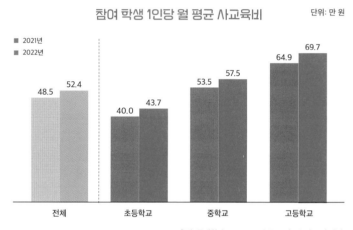

참여 학생 1인당 월 평균 사교육비

단위: 만 원

- 2021년
- 2022년

전체: 48.5 / 52.4
초등학교: 40.0 / 43.7
중학교: 53.5 / 57.5
고등학교: 64.9 / 69.7

출처: 통계청, '2021·2022 초중고 사교육비 조사 결과'

하지만 실제 통계청 자료에 따르면 2021년 사교육에 참여하는 학생 1인당 월 평균 사교육비는 중학생 53.5만 원, 고등학생 64.9만 원입니다. 괭이 샘의 이야기와는 사뭇 다른 양상이죠. 왜 그럴까요?

설문의 참여자가 사교육비에 대한 부정적인 인식을 의식해 정확한 답변을 꺼리거나 금액을 축소해 말했을 여지가 있기 때문입니다. 실제 사교육비 지출은 통계청 조사 결과보다 높을 가능성이 있지요.

그리고 해당 설문은 전체 중·고등학교 학생들을 대상으로 한 조사였기 때문에 결과가 위와 같이 나왔을 것입니다. 학업 성적이 진학과 입시에 중요한 평가 항목이 되는, 소위 말해 성적을 중요하게 생각하는 학생들의 경우만 따로 분석한다면 아마 지금보다 훨씬 더 높게 나왔을 거라고 예상합니다. 교육열이 높은 학군의 사교육비 지출도 그렇지 않은 동네에 비해서 현저히 높을 것이고요.

통계청의 조사 결과보다 괭이 샘의 사교육비 지출 현황이 자녀 교육에 관심이 많고 사교육비를 적극적으로 지출하고 있는 가계의 현실을 더 잘 반영하고 있다고 생각하는 편이 합리적일 것입니다.

"사교육비가 이렇게 많이 들어가니 당장 저축이나 투자할 여윳돈이 없으시겠네요. 저도 아이가 커서 중·고등학생이 되면 지금보다 사교육비 지출이 크게 늘 것 같아 벌써부터 걱정이 됩니다."

"아무래도 사교육비는 대중없는 것 같아요. 욕심만큼 지출하다 보면 지출할 수 있는 최대치만큼 쓰게 돼요."

그래서… 노후 준비는 언제 하죠?

괭이 샘의 재무 목표

단기 재무 목표	• 2년 후 첫째의 대학 입학 후 등록금 및 자취 준비
장기 재무 목표	• 자녀 2명 대학 공부시키기(앞으로 7년간) • 노후 대비하여 연금 공백기 준비하기(향후 10년) • 남아 있는 대출금 상환하기(2억 원)
재무 관리 노력	• 금융 관련 도서, 경제 뉴스를 통해 공부 중이며 금융상품 조사 중이지만 투자할 여력은 부족 • 큰 지출 항목(교육비, 대출) 외에는 지출 규모 축소
향후 주요 생애주기별 이벤트	• 자녀의 대학 진학 • 자녀의 결혼(전세보증금이라도 마련) • 10여 년 후 퇴직

자녀가 중·고등학교 공부를 모두 마치더라도 부모의 역할은 끝나지 않습니다. 당장 자녀가 대학에 진학하면 또 다른 걱정이 시작됩니다. 대학 등록금뿐만 아니라 자취 생활비, 용돈도 모두 고민거리죠.

물론 자녀가 아르바이트를 열심히 해서 자신의 등록금이나 생활비를 스스로 해결하는 경우도 있습니다. 하지만 아르바이트를 위해 쏟는 시간만큼 대학 생활에 집중하기 힘든 점, 취업을 위해 경험과 자격을 쌓기 위해 노력해야 하는 시기에 시간을 뺏긴다는 점 때문에 부모로서는 자녀를 위해 최대한 지원해 주고 싶은 마음이 생길 수밖에 없습니다. 결국 금전적인 형태의 지원이 이루어지죠.

"고등학교를 졸업해도 자녀에 대한 지출과 고민은 끝이 없네요."

"맞아요. 대학교에 들어가면 등록금도 있고, 자취를 하게 되면 보증금이나 월세, 생활비까지 마련해 줘야 되니까 고등학생 때까지 사교육비에 들어갔던 만큼 또 돈이 들어가겠다 싶더라고요.

그래도 부모의 마음은 어쩔 수 없나 봐요. 대학을 졸업한다고 끝나는 것도 아니에요. 결혼도 해야 하는데 그때가 되면 하다못해 전세보증금이라도 마련해 줘야겠다 싶어서 그것도 고민거리죠."

게다가 공무원연금 개혁으로 만 61세에 퇴직을 해도 연금이 바로 나오는 게 아니잖아요. 만 65세부터 개시니까 4년 동안 아무 소득이 없으면 어떻게 하나 걱정이에요."

40대 후반, 50대가 되면 은퇴 시기가 다가오는 만큼 은퇴 이후의 삶에 대한 고민이 더 현실적으로 느껴집니다. 괭이 샘이 이야기한 것처럼 2015년, 공무원연금이 개혁되면서 공무원연금 지급 연령도 크게 변화했습니다. 아마 이 책을 읽고 있는 대부분의 선생님들 역시 괭이 샘처럼 만 65세부터 공무원연금을 수령하게 될 것입니다. 만 61세 정년 퇴임 이후 4년간 소득이 단절되는 상황에 놓이는 것입니다. 그렇다 보니 이 기간에 대한 대비가 미리 필요합니다.

"소득이 단절되는 4년의 기간을 위해 어떤 준비를 하고 계신가요?"

"3년 전부터 개인연금을 월 20만 원씩 넣기 시작했어요. 교직원공제회는 원래 월 24만 원씩 넣고 있었는데 꾸준히 증좌하고 있고요. 몇 년 전에는 월 30만 원씩 넣었고, 최근에는 월 42만 원씩 넣고 있네요."

"개인연금은 넣은 지 얼마 되지 않아 아직 1,000만 원도 안 되겠어요. 그래도 교직원공제회는 월 24만 원씩 20년 넘게 넣고 증좌까지 해서 금액이 꽤 될 것 같아요. 1억 정도 모이지 않았을까 싶은데요?"

"그 정도 모였어요. 조금 걱정은 되지만 그래도 앞으로 정년까지는 10년 넘게 남았으니까 조금씩 모으는 돈을 늘리면 퇴직 이후 소득 단절에 대해 어느 정도 준비는 되겠다 싶긴 해요."

교육비 vs 노후 대비

먼 미래의 노후를 대비하기 위한 저축과 현재를 위한 지출은 미묘한 긴장 속 줄다리기입니다. 가계마다 금전적 사정이 다르기 때문에 교직원공제회 장기저축급여나 연금저축의 월 납입액에 정답은 없겠지만 일방적인 쏠림보다는 적절한 긴장 속에서 조금씩 균형점으로 이동하며 나이와 재정 상황에 맞는 저축액을 찾는 것이 중요하죠.

저축과 지출에는 관성이 존재하기 때문에 새로운 균형을 찾기 위해서는 인위적인 노력이 필요하기도 합니다. 막상 지출을 줄이고 노후 대비를 위한 저축을 늘리려고 해도 모든 지출이 나에게 소중하기 때문에 심리적 저항이 따를 수밖에 없습니다. 하지만 월급 인상액의 일부라도 저축에 꾸준히 할애해 나간다면 노후 대비를 위한 저축과 현재를 위한 지출의 균형점을 잘 유지한 채 두 마리 토끼를 모두 잡을 수 있습니다.

퇴직한 선생님은 어떻게 지내고 계실까?

퇴직을 하고 나면 어떻게 지낼까? 한 번씩은 생각해 보게 되는 미래입니다. 새로운 제2의 인생이 펼쳐질까요? 지금 어떻게 지내야 퇴직 이후를 걱정하지 않을까요? 42년간의 교사 생활을 마무리한 선생님께 여쭤 보았습니다.

Q. 퇴직 이후 시간을 어떻게 보내고 계신지 궁금합니다.
A. 개인의 성향과 상황에 따라 다르겠지만 대부분은 느슨하게 생활하고 있답니다. 문득 퇴직하던 날이 떠오르네요. 정말 홀가분해졌고 조직에서의 해방감을 처음 느꼈어요. 소속감이 사라져 약간의 쓸쓸함이 들고 늙어 간다는 것에 대한 슬픔도 있지만, 무엇보다 여유가 생겼습니다.

Q. 제2의 인생을 맞이하셨나요? 주변의 괜찮은 사례가 있다면 소개해 주세요.
A. 저는 가족들과 시간을 보내며 손자를 돌보고 있어요. 주변에는 여행을 많이 다니시는 분들이 있어요. 시골로 이사를 가서 지내시는 분들도 있고요. 종교 활동이나 봉사 활동에 전념하시는 분들도 많이 계십니다. 저처럼 다시 기간제로 일하는 분들도 있고 숲 해설사, 궁 해설사, 독서지도사 등 다른 일로 활동하는 분들도 있지요.

교육비 vs 노후 대비

Q. 은퇴를 하고 나서도 재무적으로 큰 고민이 있으신가요?

A. 이것도 형편마다 다를 거예요. 퇴직금을 어떻게 하느냐에 따라서 다르기도 해요. 저는 교직원공제회의 장기저축급여의 분할급여금*을 노후 자금으로 아주 잘 활용하고 있답니다. 저는 여유가 생길 때마다 조금씩 증좌했어요. 돈을 빼고 싶은 욕구도 인정해요. 저도 오래전에 그 돈을 다 빼서 주식을 샀다가 손해를 본 적이 있었거든요. 그 뒤로는 안전한 여유 자금으로 남겨 두었어요.

Q. 그 밖에 재테크 팁은 없나요?

A. 은퇴 이후에는 나갈 돈을 줄이는 것도 매우 중요하답니다. 은퇴를 하면 건강보험료의 지역가입자로 전환이 되어 생활을 하게 됩니다. 일정 금액의 연금을 받고 있어서 다른 가족의 피부양자로 등록도 되지 못해요. 이럴 때는 건강보험 임의계속가입제도를 신정하면 돼요. 직장가입자가 퇴사를 했을 경우, 퇴사를 해도 직장보험료 수준의 보험금을 납부할 수 있는 제도예요. 이렇게 정보를 조금이라도 더 아는 것이 중요하죠. 교사 퇴직 시에 받는 '공무원 은퇴 설계'라는 연수가 있어요. 저는 정말 큰 도움을 받았습니다.

---

* 안정적인 노후 생활을 위해 퇴직 시 장기저축급여 퇴직급여금 중 일정 금액을 정해진 기간 동안 분할해 수령받을 수 있는 노후 생활 보장 제도입니다.

1. 법인을 설립해 직장가입자로 전환시키는 방법

내가 받는 급여에 대하여 건강보험료를 부담하고 내가 가진 부동산, 자동차에 대해서는 건강보험료를 부담하지 않을 수 있어 보험료를 줄일 수 있습니다. 다만 법인을 설립하려면 초기 설립 비용인 법무사 수수료, 법인 설립 등기수수료 등이 들지만 이런 비용은 초기에만 발생합니다.

2. 건강보험 임의계속가입제도 신청하는 방법

3년 동안 임의계속가입자로 직장가입자 보험료 납부를 하게 됩니다. 피부양자 등재도 가능합니다. 대상은 직장가입자로 자격을 유지한 기간이 1년 이상이어야 합니다. 신청 방법과 기한은 지역가입자가 된 후 최초로 고지받은 지역보험료의 납부기한이 2개월 경과되기 전까지 건강보험공단 지사를 방문하거나 우편, 팩스, 유선으로 신청 가능합니다. 단, 임의계속가입자 최초 보험료 납부기한을 지나 2개월 내에 보험료를 납부해야만 합니다.

Q. 지금의 선생님들께 하고 싶은 말씀이 있으신가요?

A. 무엇보다 마음이 힘들지 않았으면 좋겠어요. 이를 극복할 수 있는 방법 중 하나는 뭐든 시작해 보는 거예요. 나의 직업에 충실하기 위해서 배우고 시도한 활동들이 지나고 보니 다 좋았어요. 승진 때문이 아니더라도 배우고 연구하고 교육 자료를 개발했던 일들 말이죠. 혼자서 못하겠다면 연구회 활동을 통해서라도 계속해서 능력을 키워 나가 보세요. 교직이라는 직업이 힘들지만 인생에서 값진 보람을 주고 참 의미 있는 일이라고 생각합니다. 힘들고 아팠던 시간도 지나고 나면 저만의 경험과 노하우가 되더라고요.

3부

교사라면 꼭 **알아야** 할
재무 상식

휴직·휴가 중에도
챙길 것은 챙겨야죠!

옆 반 선생님이 출산 후 육아휴직을 한다고 합니다. 문득 '키워야 할 아이는 없어도 휴직은 하고 싶다.'라는 생각이 머리를 스치네요. 하지만 너무 아쉬워하지 마세요. 앞으로 여러 사유로 휴직의 기회가 생길 테니까요. 유급휴직이든 무급휴직이든 휴직을 하면 재직 중일 때보다 수입이 줄어 경제적인 구멍이 생깁니다. 우리의 재테크에 큰 변수가 생기는 것이지요. 하지만 어쩔 수 없이 휴직을 해야 한다면 똑똑하게 수당을 챙기는 것이 우리가 할 수 있는 최선의 노력이 아닐까요?

교육공무원법 제44조는 휴직에 관한 내용을 담고 있습니다. 직권휴직은 본인의 의사와 관계없이 임용권자가 명해야만 하는 휴직으로 질병휴직, 병역휴직, 생사불명휴직, 법정의무수행휴직, 노조전임자휴직이 있습니다. 청원휴직은 본인의 요구로 신청하는 휴직으로 유학휴직, 고용휴직, 육아휴직(입양, 불임·난임), 연수휴직, 가족돌봄휴직, 동반휴직, 자율연수휴직 등이 있습니다. 각각의 휴직에 관한 정보를 알아볼까요?

본인의 의사와 관계없이 해야만 하는 직권휴직

종류		질병휴직	병역휴직
요건		• 신체상·정신상의 장애로 장기요양이 필요할 때	• 『병역법』에 따른 병역 복무를 위해 징집되거나 소집된 경우
기간		• 1년 이내 — 부득이한 경우 1년 연장 — 공무상 질병, 부상은 3년 이내	• 복무기간
승진평정경력		• 불인정 — 공무상 질병은 인정	• 인정
승급		• 제한 — 공무상 질병은 인정	• 인정
보수 지급		• 봉급 7할 지급 — 1년 초과 2년 이하: 5할 지급 — 공무상 질병: 전액 지급	• 지급 안 함
수당	공통 수당	• 보수와 같은 비율 지급	
	기타 수당	• 휴직 사유별 차등 지급	

교사는 아플 때 병지각, 병외출, 병조퇴 등의 병가를 사용합니다. 그런데 아픈 상태가 지속된다면 어떻게 해야 할까요? 만약 이런 상황에 직면한다면 다른 걱정은 제쳐 두고 건강 회복을 최우선으로 병휴직을 사용하기 바랍니다. 건강은 그 어떤 것보다 소중하니까요.

질병휴직 1년 이하일 경우 정근수당가산금, 가족수당, 가족수당가산금, 자녀학비보조수당, 보전수당(교원연구비)은 70%, 1년 초과 2년 이하일 경우 50% 지급됩니다. 정근수당은 휴직한 월을 제외하고 지급되며 시간외근무수당 역시 실제 근무한 실적에 따라서 지급됩니다. 정액급식비, 직급보조비, 교직수당, 담임수당은 지급되지 않으나 월중 휴직 또는 복직한 경우에는 실제 근무한 일수에 따라 일할 계산해 지급됩니다. 설날, 추석에 지급되는 명절휴가비는 휴직 중이라면 지급되지 않습니다.

질병휴직이 필요한 정도의 상황이라면 병가를 먼저 활용하게 될 것입니다. 「국가공무원 복무·징계 관련 예규」에 따르면 일반병가는 연간 60일 내에서 승인받을 수 있습니다. 병지각, 병조퇴, 병외출의 누계 시간이 8시간이 되면 병가 1일로 계산합니다. 연간 병가 누계가 7일을 초과하거나 7일 이상의 연속 병가의 경우에는 진단서를 제출해야 하죠. 동일한 사유의 병가는 최초에 제출한 진단서로 갈음할 수 있습니다. 만약 진단서 제출이 어렵다면 연가를 활용해야 합니다.

대한민국 헌법에 명시된 국민의 의무 중 하나가 국방의 의무입니다. 교사가 된 후 군복무로 인해 병역휴직을 한다면 공무원연금공단으로 납부하는 기여금에 대해 미리 고민해야 합니다.

발령 후 입대하는 경우, 기여금은 복무 중이든 복무 후든 꼭 납부해야 합니다. 복직 후에는 오른 호봉이 적용되어 내야 할 기여금이 더 많아집니다. 따라서 가능하다면 복직 전에 기여금을 납부하는 것이 유리합니다. 기여금은 다달이 납부할 수도, 몰아서 납부할 수도 있으니 자신의 재정 상태에 따라 납부 계획을 세우시기 바랍니다.

만약 발령 전에 군복무를 마쳤다면 기여금 납부 여부를 선택할 수 있습니다. 공무원연금 의무 납입기간은 최대 36년이기에 군복무 동안의 기여금을 납부한다면 나중에 연금을 납입해야 할 기간이 군복무 기간만큼 줄어들게 됩니다. 게다가 호봉이 보다 낮을 때 내는 기여금이 나중에 호봉이 오른 후 내야 할 기여금보다 적기 때문에 미리 기여금을 납부하는 것이 금액 측면에서 조금 더 유리할 수 있습니다.

다만 늦은 나이에 교사가 되었거나 정년까지 교사로서 근무할 뜻이 없다면 끝까지 근무해도 36년의 납입기간을 채우지 못할 수 있습니다. 이 경우라면 군복무 동안의 기여금을 납부하지 않는 편이 나을 것입니다.

사용 빈도가 낮아 위 표에 넣지 않은 직권휴직도 간단히 소개합니다. 생사나 소재를 알 수 없게 된 경우, 생사불명휴직을 합니다. 국회의원 등 법률에 따른 의무를 수행하기 위하여 직무를 이탈하게 된 경우에는 법정의무수행휴직을 하고, 교원노동조합 전임자로 종사하게 된 경우에는 노조전임자휴직을 합니다.

본인의 요구에 의해 신청하고 허가를 받아야 하는 청원휴직

종류	육아휴직(입양, 불임·난임)
요건	• 만 8세 이하 또는 초등학교 2학년 이하의 자녀를 양육하거나 여성교육공무원이 임신 또는 출산하게 된 경우 • 만 19세 미만의 아동(육아휴직 대상 제외)을 입양하는 경우 • 불임·난임으로 장기간의 치료가 필요한 경우
기간	• 자녀 1명에 대하여 3년 이내로 하되 분할하여 휴직 가능 • 입양: 1명에 6개월 이내 • 불임·난임: 1년 이내(부득이한 경우 1년 범위 내 연장 가능)
승진평정경력	• 휴직 전 기간 인정(입양 동일) • 불임·난임: 경력평정 미산입
승급	• 첫째·둘째는 1년 이내, 셋째 이후는 휴직 전 기간(3년) • 입양: 휴직 전 기간 인정 • 불임·난임: 승급 제한
보수지급	• 지급 안 함 - 불임·난임휴직의 경우, 휴직 1년 이하는 봉급액의 70%, 휴직 1년 초과 2년 이하는 봉급액의 50% 지급함, 질병휴직과 같음

육아휴직은 아이를 낳아 양육하며 사용하는 휴직으로, 나눌 정보들이 많습니다. 육아휴직은 임신 중에도 사용할 수 있다는 사실, 알고 계시나요? 만 8세 이하 또는 초등학교 2학년 이하의 자녀를 양육하는 경우, 임신한 경우, 출산한 경우 모두 육아휴직을 사용할 수 있습니다. 여기서 '만 8세 이하'는 만 9세가 되는 날의 전날까지를 의미합니다. '만 8세 이하 또는 초등학교 2학년 이하' 두 조건 중 하나만 충족하면 육아휴직을 사용할 수 있으므로 자녀가 '만 8세인 초등학교 3학년'이거나 '만 9세인 초등학교 2학년'인 경우 모두 육아휴직 사용이 가능합니다.

자녀 1명에 대하여 3년 이내로 육아휴직을 할 수 있는데, 이 중 첫 1년은 유급휴직, 이후 2년은 무급휴직입니다. 즉, 육아휴직 수당은 한 자녀에 대해 사용하는 육아휴직의 첫 1년 동안 지급됩니다. 육아휴직 수당은 다음과 같습니다.

> **육아휴직 시작일 기준 월봉(월급) 금액의 80%**
> **(상한 150만 원, 하한 70만 원)**

같은 자녀에 대해 부모가 모두 육아휴직을 했을 때, 두 번째 육아휴직을 한 사람이 공무원일 경우에는 육아휴직 수당이 어떻게 지급될까요?

기간	육아휴직 수당	비고
육아휴직 시작일~3개월	월봉급액의 100%	상한 250만 원
육아휴직 4~12개월	월봉급액의 80%	상한 150만 원, 하한 70만 원

　그런데 위의 육아휴직 수당이 매달 온전히 통장에 들어오지는 않습니다. 육아휴직 수당의 15%는 복직 후 6개월이 지나서 육아휴직 수당 사후 지급금으로 받습니다. 유급휴직 후 복직하지 않고 퇴직하는 경우에 발생하는 손실을 막기 위한 것으로 짐작됩니다.

　육아휴직을 하게 되면 휴직 기간의 건강보험료와 기여금 납부에 대해서도 고민해야 합니다. 건강보험료는 '납입고지 유예 신청'을 통해 복직 후 한꺼번에 내는 것이 유리합니다. 월 9,000원 정도의 최저 건강보험료로 산정되기 때문에 부담이 약 10분의 1로 줄어듭니다.

　기여금은 미리 낼 때와 나중에 낼 때의 장단점이 각각 다릅니다. 기여금을 미리 내는 경우, 보다 낮은 호봉으로 책정되어 기여금 액수가 적어진다는 장점이 있습니다. 하지만 육아휴직 수당에서 기여금이 빠지면 실수령액이 더 줄어든다는 단점도 있습니다. 반면 기여금을 나중에 내는 경우, 보다 높은 호봉으로 책정되어 기여금 액수가 많아진다는 단점이 있습니다. 하지만 납부한 해의 연말정산에 기여금이 적용된다는 장점이 있습니다.

공무원연금공단에서는 매년 5월에 기여금을 인상하고 있습니다. 4월까지는 인상되기 전 기여금, 5월부터는 인상된 후 기여금을 내야 한다는 사실을 참고해서 기여금 납부 계획을 세우시면 됩니다.

육아휴직 중이라도 생활은 계속되고 돈 들어갈 일도 많습니다. 육아휴직 중 교직원공제회와 공무원연금공단에서 대출을 받는 것이 가능한지 살펴보겠습니다. 우선 교직원공제회에서의 대여 신청은 가능합니다. 단, 내가 저축한 금액 내에서 대출한도가 정해집니다. 저축한 금액보다 많은 금액으로 대여를 신청하려면 SGI 서울보증의 보증청약이 필수인데 휴직 중에는 SGI 서울보증의 보증청약이 어렵기 때문입니다.

육아휴직 중에 공무원연금공단에서 대출도 받을 수 있습니다. 단, 예상퇴직급여의 2분의 1 이내로 대출한도가 정해집니다. 이보다 많은 금액을 대출받으려면 역시 보증보험이 필요한데 휴직 중에는 보증보험이 어렵습니다. 휴직 중에는 대출한도가 다소 제한적일 수 있으니 목돈을 빌려야 할 상황이라면 휴직 전에 대출을 미리 실행하는 것이 좋습니다.

사용 빈도가 낮은 청원휴직도 간단히 소개합니다. 학위 취득을 목적으로 해외 유학을 하거나 외국에서 1년 이상 연구 또는 연수를 하게 된 경우 유학휴직을 합니다. 재외교육기관에서 전임으로 근무를 하게 된 경우에는 고용휴직을 합니다. 국내 연구기관이나 교육기관 등에서 연수를 하게 된 경우는 연수휴직을 합니다.

자율연수휴직은 교육공무원법 제44조 제1항 제12호에 명시되어 있습니다. 교원이 자기개발을 위해 학습이나 연구 등을 하게 된 경우 신청할 수 있죠. 자율연수휴직 관련 주요 내용은 다음과 같습니다.

휴직 기간	자율연수휴직은 1년, 재직 중 1회 신청 가능
신청 대상	「공무원연금법」 제25조에 따른 재직기간이 10년 이상인 교원
참고 사항	학생의 학습권 보호와 안정적인 학교 운영, 학교의 특수성 등을 고려해 학기 단위로 기간을 정해서 실시
	자율연수휴직 기간은 재직 경력으로 인정하지 않으며, 호봉 승급에서도 제외
	보수(봉급, 수당)는 지급하지 않음

자율연수휴직을 사용하기 위해서는 본인의 희망에 따라 신청서를 소속기관에 제출해야 합니다. 그리고 소속기관장이 이를 추천해 임용권자가 허가한다면 자율연수휴직에 들어갑니다. 만약 학교에 근무하는 교원이라면 단위학교 교원인사자문위원회

의 심의 후 학교장이 휴직 대상자를 관할 교육지원청에 추천하는 과정을 거칩니다.

자율연수휴직은 무급휴직이기에 경제적으로 아쉬운 부분이 생깁니다. 하지만 이를 활용해 오롯이 나를 위한 재충전의 시간을 가질 수 있다는 것은 큰 장점입니다. 신중하게 고민해서 자율연수휴직을 유용하게 활용하시기 바랍니다.

교직원공제회·공무원연금공단· 맞춤형 복지제도

교직원공제회(www.ktcu.or.kr)와 공무원연금공단(www.geps. or.kr)은 교육공무원으로서 가입했을 때 저축, 대여, 보험, 주택, 복지 등 다양한 혜택을 받을 수 있기에 교사들이 자주 접하고 이용하는 기관입니다.

아직 교직원공제회에 회원으로 가입하지 않으셨다고요? 설마 한 번도 공무원연금공단 웹사이트에 접속한 적이 없는 것은 아니겠죠? 만약 그렇더라도 걱정하지 마세요. 지금부터 교직생활에 든든한 동반자가 되어 줄 두 기관을 어떻게 이용할지 알아보겠습니다.

가입 필수 금액 선택, 장기저축급여

장기저축급여는 퇴직까지 멀리 바라보고 가입하는 적금이라고 생각하면 됩니다. 이미 가입했다면 매달 월급에서 '교직원공제회비'라는 내역으로 장기저축급여가 꼬박꼬박 공제될 것입니다. 가입구좌(가입금액)를 떠나 가입은 필수입니다. 왜일까요?

장기저축급여에 가입하면 교직원공제회의 회원 자격이 부여됩니다. 이는 교직원공제회의 대출을 비롯해 다양한 복지 서비스를 누릴 수 있다는 의미이죠. 교직원공제회 회원으로서 다양한 혜택을 누리는 것은 꽤 쏠쏠합니다.

목돈이 필요할 땐 교직원공제회 대출

장기저축급여에 가입한 회원이라면 교직원공제회에서 대여(대출)를 받을 수 있습니다. 일반대여로는 장기저축급여에 넣은 돈을 바탕으로 산출되는 퇴직가정급여금만큼 빌릴 수 있습니다(단독대여). 이를 초과하는 금액을 빌리려면 보증보험(SGI 서울보증)에 가입해야 합니다(보증대여). 2023년 1월 1일 기준 대여이율은 4.99%입니다.

2021년 8월 31일 이전 장기저축급여 가입자 중 신용평점이 1~2구간인 회원의 경우, 장기저축급여 퇴직가정급여금에 최고

1억 원을 더한 금액까지 대여가 가능합니다. 이후 가입자는 최고 7,000만 원까지 가능합니다.

상환기간 및 방법은 개인별로 선택할 수 있는데, 이자만 납부하다가 원리금을 균등분할상환하는 거치식 상환이 가능합니다. 거치 기간은 1~2년 중 선택할 수 있으며, 거치 기간이 끝나면 재대여를 통해서 다시 거치 기간을 둘 수 있습니다.

복지누리대여로는 결혼대여, 출산대여, 주택대여의 세 종류가 있습니다. 결혼대여는 본인 및 자녀 결혼 시 1회, 출산대여는 본인 및 배우자의 출산이나 입양 시 자녀당 1회, 주택대여는 본인 및 배우자의 주택 구입이나 임차 시 1회 사용할 수 있습니다. 대여이율은 2023년 1월 1일 기준 4.20%로 일반대여보다 조금 낮지만 상환 방법은 원리금 균등분할상환으로 제한됩니다.

무이자대여로는 1주일 이상 입원 치료가 필요한 경우 받을 수 있는 보건의료자금, 재해로 주택 피해가 발생한 경우 받을 수 있는 재해복구자금이 있습니다. 이자가 없는 대여이지만 이러한 경우로 대여를 받는 일이 없다면 좋겠죠.

교직원공제회 대여는 중도상환 수수료가 없고, 상환 기간보다 일찍 상환하면 미리 냈던 보증보험료를 일할 계산해 돌려받을 수 있습니다. 목돈이 필요하다면 교사로서 이러한 상품들을 유용하게 이용할 수 있습니다.

교직원공제회의 보험

교직원공제회 보험은 여느 보험사와 마찬가지로 종신보험, 정기보험, 질병보험, 자녀 어린이보험 등 다양한 상품을 갖추고 있습니다. 다른 보험사와 차별화된 점이 있다면 교사를 타깃으로 하는 상품이 있다는 것입니다. 방학 중 재해 사고를 2배 보장하는 '재해공제', 교직원 3대 만성질환(하지정맥류, 성대결절, 무지외반증)과 교직원 생활질환 등을 보장하는 특약이 담긴 '종합공제'와 '더블업종합공제'가 대표적인 예입니다.

쏠쏠한 복지 서비스

교직원공제회에서는 회원을 대상으로 축하금이나 선물도 지급합니다. 장기저축급여를 최초로 가입했을 때나 퇴직할 때, 소형가전을 받을 수 있습니다. 결혼할 때에도 소형가전 중 한 가지를 선택해서 받을 수 있는데, 부부 회원은 각각 지급하니 놓치지 말고 두 분 모두 신청하시기 바랍니다.

자녀를 출산하거나 입양할 때도 축하금을 받을 수 있습니다. 지급하는 금액은 첫째, 둘째 자녀일 경우 각 10만 원, 셋째 이상 자녀일 경우 30만 원입니다. 출산 축하금 또한 부부 회원에게 각각 지급합니다.

장기저축급여 총 누적 구좌 수가 상위 1%인 고구좌 회원이나 장기저축급여 가입기간이 20년 이상이며 재직 중인 회원에게도 축하금이 지급됩니다.

교직원공제회 홈페이지의 '복지 서비스' 탭에 들어가면 이외에도 다양한 혜택을 살펴볼 수 있습니다. 여행할 때 호텔, 콘도, 리조트를 저렴하게 예약할 수 있고, 제휴 병원에서 건강검진 할인을 받을 수 있습니다. 장례식장 할인이나 법률 및 세무 상담도 가능합니다.

인생을 살다 보면 직장 생활이나 개인적인 문제로 마음이 힘들 때가 생기기도 하죠? 교직원공제회의 '마음쉼' 서비스는 회원들의 행복을 위한 심리상담 서비스를 무료로 제공합니다. 온·오프라인 상담 모두 가능하고 비밀도 보장한다고 하니 견디기 힘든 문제가 있다면 도움을 받아볼 수 있습니다.

문화 서비스도 제공됩니다. 교직원공제회 홈페이지의 '복지 서비스' 탭을 통해 공연, 영화, 음악, 도서 할인 혜택을 받아 볼 수 있습니다. '행복 서비스' 탭을 통하여 매월 응모하는 이벤트도 꽤나 쏠쏠합니다. 추첨을 통해 책, 영화 관람권, 기타 상품을 지급하는데, 회원만을 대상으로 하는 추첨이기에 당첨 확률이 높은 편입니다. 여러 번 응모한다면 분명 소소하지만 즐거운 당첨의 기쁨을 누리게 될 것입니다.

공무원연금공단의 공무원임대주택

공무원연금공단에서는 세대원 전원이 무주택자인 공무원을 대상으로 임대주택을 운영하고 있습니다. 2023년 기준, 공무원 임대주택은 전국 62개 단지, 총 1만 8,537세대입니다.

공무원 임대주택에 입주하고 싶다면 소속기관 소재지에 따라 입주 가능한 임대주택을 선택해 입주를 신청해야 합니다. 입주자 선정 순위에 따라 순위가 앞선 공무원이 선정되는데, 동일한 순위의 경쟁이 있는 경우에는 가점제 적용 기준에 따라 점수가 높은 공무원이 우선 입주합니다.

입주자 선정 순위

제1순위	세대원 전원이 전국 무주택자이며 임대주택 비수혜자
제2순위	세대원 전원이 임대주택 소재지 무주택자이며 임대주택 비수혜자
제3순위	세대원 전원이 전국 무주택자이며 임대주택 기수혜자
제4순위	세대원 전원이 임대주택 소재지 무주택자이며 임대주택 비수혜자
제5순위	1~4순위 이외의 자

지역별 임대주택 운영 단지 현황

지역	단지(세대수)
서울	상계15(2,100), 개포9(1,829)
세종	세종M2(632), 세종M5(600), 세종M6(429)
부산	화명(379), 다대1(200), 엄궁(100), 망미(33), 개금(60), 범천(20)
대구	동호(711), 복현(410), 송현(370)
인천	가좌(300)
광주	염주(58), 송정(71), 수기(35)
대전	태평(80), 둔산(400), 노은(940)
울산	야음1(80), 야음2(80), 성남(37)
경기	부천상동18(670), 부천상동19(581), 안양석수(100), 화성동탄(707), 화성동탄2(672), 성남판교(466), 수원광교(533), 김포한강(490), 남양주별내(249), 파주교하(734)
강원	춘천후평3(32), 원주개운(70), 춘천우두(12), 동해천곡(20), 강릉송정(57)
충북	청주사직(160), 청주봉명2(32)
충남	내포(497)
전북	남원죽항(15), 전주반월(40)
전남	순천매곡(20), 여수둔덕(25), 무안남악(380)
경북	포항항구(110), 경북안동(496)
경남	창원용지1(100), 창원용지2(89), 창원명곡(193), 마산교방(395)
제주	서귀포강정(400)

가점제 적용 기준

2023년 기준

배점 항목		배점	배점 기준	점수	비고
1	전국 무주택 기간	15	15년 이상	15	
			10년 이상	12	
			5년 이상	8	
			1년 이상	4	
			1년 미만	2	
2	가구 월평균 소득	10	50% 이하	10	
			70% 이하	5	
			100% 이하	2	
3	양육 가정 미성년 자녀	15	3자녀 이상	15	태아 포함 (중복 적용)
			2자녀	10	
			1자녀	5	
4	영유아 자녀	15	3자녀 이상	15	
			2자녀	10	
			1자녀	5	
5	(예비) 신혼부부	15	결혼예정일 6개월 전~ 결혼 7년 이내	15	
6	주거약자 가정	10	주거약자법 대상자로서 주민등록표상 함께 등재	10	중복 적용 안 됨
7	한부모 가정	10	한부모가족증명서 제출자 및 가족관계증명서상 배우자 없이 민법상 미성년 자녀를 부양하고 있는 자로서 주민등록표상 함께 등재	10	
8	신규 임용 공무원	10	임용 5년 이내	10	
가점 계		100			

공무원을 위한 맞춤형 복지제도

공무원 맞춤형 복지제도란 공무원의 다양한 복지 수요를 충족하기 위해 공무원 각 개인에게 주어진 복지점수(포인트) 범위 내에서 자신에게 적합한 복지 혜택을 선택하도록 하는 제도입니다. 복지점수 1포인트는 1,000원에 해당합니다.

맞춤형 복지 구성

기본 항목 (공무원 단체보험)	필수	생명보험, 상해보험
	선택	본인 및 가족 의료비 보장보험, 건강검진 등
자율 항목	건강관리, 자기 계발, 여가 활용, 가정 친화	

맞춤형 복지 항목은 다음과 같이 구성됩니다. 먼저, 기본 항목은 공무원의 건강과 안전을 보장할 수 있게 의무적으로 선택하도록 구성되는 항목으로, 쉽게 말해 '공무원 단체보험'을 말합니다. 생명 및 상해보험 등 필수 기본 항목과 본인 및 가족의료비 보장보험 등 선택 기본 항목이 있습니다.

이때, 실손의료비 보험에 따로 가입하고 있을 경우, 행정실로 보험 증명서를 제출해 이중으로 가입하지 않도록 해야 합니다. 실비보험은 중복으로 보장해 주지 않기 때문입니다.

다음으로 자율항목은 건강관리, 자기 계발, 여가 활용, 가정 친화 관련된 항목 중에 자율적으로 선택 가능하도록 구성됩니다. 단, 사행성이 있거나 불건전한 항목, 그리고 상품권, 증권 등의 유가증권 구매는 제외됩니다. 참고로 학교에 따라 전통시장 상품권 구매 활성화를 위해 복지포인트 일부를 전통시장 상품권으로 지급하는 경우도 있습니다.

맞춤형 복지점수 배정

2023년 기준

기본 복지점수	• 전 직원에게 기관에서 정한 점수 일률 배정
근속 복지점수	• 1년 근속당 10점 • 최고 300점 배정
가족 복지점수	• 배우자 포함 4인 이내(자녀는 인원수에 관계없이 모두 배정) • 배우자 100점, 직계 존·비속 1인당 50점, 직계 비속 중 둘째 자녀는 100점, 셋째 자녀부터는 200점
추가 복지점수	• 출산 축하 복지점수, 난임 및 태아·산모 검진 지원 복지점수, 건강검진 지원 점수 등 - 맞춤형 복지 시스템에서는 '조정 점수'로 표현됨

매년 1월 1일을 기준으로 복지점수가 배정이 되는데, 1년 안에 사용하지 않으면 자동 소멸이 됩니다. 복지점수는 공무원에게 일률적으로 부여되는 기본 복지점수와 운영 기관별로 부여되는 근속 복지점수, 가족 복지점수 및 추가 복지점수로 구성해 배

정이 됩니다.

사용 가능한 복지점수(자율항목)는 배정된 복지점수에서 단체보험료를 뺀 나머지 금액을 말합니다. 실손의료비 보험을 따로 들고 있다면 보험 증명서를 제출해 단체보험 가입을 하지 않아야 실제 사용 가능한 복지점수가 늘어나니 단체보험 가입 시 꼭 확인해야 합니다.

가족 복지점수와 추가 복지점수는 개인이 신청하거나 확인해 봐야 하는 점수입니다. 먼저, 가족 복지점수 부여 대상자는 가족수당 지급 대상자여야 합니다. 가족 구성원 수가 변동이 있을 경우, 나이스에서 가족 구성원 변경 신청 후 행정실 맞춤형 복지 담당자에게도 알리고 등본과 맞춤형 복지 신청서를 제출하면 반영이 됩니다. 나이스와 자동으로 연계가 되지 않으니 해당하는 가족 복지점수를 꼭 체크해 보아야 합니다.

추가 복지점수는 맞춤형 복지포털에서 조정 점수로 표현되어 배정이 됩니다. 본인이 신청해야만 받을 수 있는 점수이므로 공문을 확인해서 신청 시기와 관련 서류를 알아보고 신청합니다.

출산 축하 복지점수는 첫째 자녀 출산 시 1,000점(2023년 개정, 지역에 따라 다를 수 있음), 둘째 자녀 출산 시 2,000점, 셋째 자녀 이상 출산 시 자녀당 1회에 한해 3,000점을 배정받을 수 있습니다. 난임 및 태아·산모 검진 지원 복지점수는 난임 지원 500점 및 태아·산모 검진지원 100점을 총 2회에 한해 배정받을 수 있습니다.

건강검진 복지점수는 격년제로 200점씩 배정받게 됩니다. 만 40세 이상 격년제 건강검진 복지점수 청구는 예산 조기 집행을 위해 신청 마감 시기가 빠른 지역도 있습니다. 신청 시기를 확인해 보고 건강검진 확인서와 영수증을 지참해 혜택을 받으시면 됩니다.

매년 지역교육청별로 개정된 '맞춤형 복지제도 업무처리 기준'을 홈페이지에 올려 두고 있습니다. 지역마다 개정되거나 신설된 복지점수가 다르니 업무처리 기준 공문을 확인해서 복지포인트 제도의 쏠쏠한 혜택을 놓치지 않고 현명하게 누리세요.

근무 외의 업무나 강의,
할 수 있나요?

남녀노소 누구나 즐겨 보는 유튜브 채널에 잠시 접속해 볼까요? 학생들과 함께 춤을 추는 A선생님, 책을 읽어 주는 B선생님, 즐거운 미술 활동을 소개하는 C선생님 등 자신의 관심 분야를 바탕으로 다양한 콘텐츠를 생산하는 교사들을 만날 수 있습니다.

유튜브 외에 할 수 있는 활동들도 많습니다. 공무원은 겸직이 불가능하지만 겸직 허가를 통해 교사직을 유지하면서 다른 일을 할 수 있습니다.

겸직 허가 대상은 크게 영리 업무와 비영리 업무로 나눕니다. 영리 업무란 계속적으로 재산상의 이득을 취하는 행위를 뜻

합니다. 다음의 금지 요건에 해당하지 않는 영리 업무라면 겸직 허가 대상이 됩니다.

복무규정 제25조에 따른 금지 요건

1. 공무원의 직무 능률을 떨어뜨릴 우려가 있는 경우
2. 공무에 대하여 부당한 영향을 끼칠 우려가 있는 경우
3. 국가의 이익과 상반되는 이익을 취득할 우려가 있는 경우
4. 정부에 불명예스러운 영향을 끼칠 우려가 있는 경우

이익을 위한 목적이 아닌 비영리 업무라도 계속성이 있는 업무라면 겸직 허가 대상이 됩니다. 겸직 허가권자는 경우에 따라 조금 다른데, 교사의 경우에는 학교장이 겸직 허가권자가 됩니다.

겸직 허가 절차

2023년 기준

1. 신청: 겸직하려는 직무에 대한 상세 자료(수익 발생 내역, 겸직 내용, 겸직 기간 등)를 인사실무편람에 수록된 서식에 작성해 소속기관에 제출
2. 심사: 복무규정상 겸직 허가 대상인지, 허가 기준에 부합하는지 여부 검토
3. 겸직 허가 여부 결정: 업무의 내용과 성격, 담당 직무의 내용과 성격 및 영리 업무 금지와 겸직 허가 제도의 취지를 종합적으로 고려해 허가 여부 결정
4. 결과 통보: 겸직 허가 신청에 대한 심사 결과를 통보
5. 겸직 실태 조사 : 매년 1월(전년도 12월 말 기준), 7월(당해연도 6월 말 기준)에 겸직 허가를 받은 공무원의 실제 겸직 내용을 확인하여 허가 내용과 동일한지, 위반 사항이 없는지를 조사

나도 콘텐츠 크리에이터

유튜브 활동은 유튜브 광고 수익 발생 최소 요건*에 도달할 때부터 겸직 신고 및 허가 대상이 됩니다. 광고 수익 발생 요건에 도달하지 않더라도 교원으로서 품위를 손상시키거나 본연의 직무에 지장을 초래하는 활동을 한다면 겸직 허가와 별개로 활동이 금지됩니다.

겸직 허가 기간은 연 단위(1월 1일~12월 31일)이며, 겸직 기간 연장 시 재심사를 받아야 합니다. 신고 당시의 유튜브 채널명을 중도 변경하는 것, 업체 등으로부터 협찬 등을 받아 금전, 물품 등을 취득하는 것, 라이브 방송을 통해 금전적 이득을 취득하는 것은 금지입니다.

유튜브 채널에 게시하는 영상에 학생이 등장한다면 학생 본인 및 보호자의 사전 동의를 받아야 합니다. 또 수업 활용 등을 목적으로 학생의 의무 시청이 요구되는 영상에는 광고를 넣을 수 없습니다.

다음은 교육공무원 인사실무편람에 수록된 겸직 관련 사례입니다.

---

* 구글 광고 계약 파트너로 인정되는 최소 요건은 구독자 1,000명 이상, 연간 총 재생 시간 4,000시간 이상입니다.

사례	겸직 허가 여부
기관·단체 임원	• 비영리법인의 당연직 이사: 겸직 허가 필요 • 사기업체의 사외이사: 특정 회사와 특수 관계를 맺어 공무에 부당한 영향을 초래하거나 직무상 능률을 저해할 우려가 있으므로 금지 • 공무원 친목단체: 수익사업을 직접 운영한다면 겸직 불가
공동주택 입주자 대표, 재건축조합 임원 등	• 계속적 수행이 필요하므로 겸직 허가 필요 • 인·허가 등에 부당한 영향을 끼치거나 이권 사업에 개입한다면 겸직 불가 • 대규모 공동주택이나 자치관리방식으로 운영되는 임원 등은 직무능률을 저해할 경우 겸직 불가
부동산 임대	• 주택·상가를 임대하는 행위가 지속성이 없거나 건물 관리인을 별도로 선임하는 경우 겸직 허가 대상이 아님 • 주택·상가를 다수 소유하여 직접 관리하거나 수시로 매매·임대하는 등 지속성이 있다면 겸직 허가 필요 • 부동산 업무가 과다하면 직무수행에 지장을 주므로 불허
저술, 번역, 서적출판, 작사, 작곡 등	• 1회성 행위: 겸직 허가 대상 아님 • 주기적 업데이트나 월 ○회, 연 ○회 등 기간을 정한 저술 등 지속성이 인정된다면 겸직 허가 필요
야간 대리운전	• 직무능률을 떨어뜨릴 우려가 있으므로 금지
블로그 광고	• 블로그의 계속적 제작·관리로 광고료를 받는 경우 겸직 허가 필요 • 블로그 내용이 공무원으로서 부적절하거나 정책수행 등에 반하는 경우 불허
다단계 판매업	금지
유튜브, 아프리카TV, 트위치TV 등	• 1회가 아닌 계속적인 활동이라면 겸직 허가 필요 • 금지 요건에 해당할 경우 금지
휴직 중 알바	• 휴직 중이라도 공무원 신분이기에 영리 업무 금지 • 휴직 목적에 위배되는 행위를 하는 경우 복직을 명할 수 있음
임상실험	• 1회로 종료되는 경우 겸직 허가 대상이 아님 • 계속성이 있다면 겸직 허가 필요
학교운영위원회 학부모위원	• 1회로 종료되지 않는 이상 겸직 허가 필요

나의 강의로 세상을 널리 이롭게 하라

자신이 가진 전문성을 살려 강의를 하는 경우는 어떨까요? 외부
강의는 요청 공문서에 근거해야 하며, 소속 부서장의 사전 결재
를 얻어야 합니다. 부득이한 사유가 있다면 강의 종료 후 10일
내 신고해야 합니다. 근무시간 내 외부 강의는 직무 수행과의 관
련성이 있어야 하며, 근무시간 외 외부 강의는 업무에 지장이 없
어야 합니다. 또한 강의 중 내부 정보를 누설하는 것과 기준 금
액을 초과해 고액 강의료를 받는 것은 안 됩니다. 외부 강의 출강
시 복무 관리에도 소홀함이 없어야 합니다.

외부 강의 신고 대상

2023년 기준

1. 신고 대상자: 공무원, 공사립 유치원 및 사립학교 포함 각급 학교 교직원,
   학교법인 임직원, 경기도교육연구원 임직원 등 공직자
2. 신고 대상 외부 강의: 직무 관련 또는 직위·직책에 따른 영향력에 의해 요청
   받은 교육 등의 강의·강연·기고 등(대가 수령 여부 불문)
3. 신고 제외 외부 강의: 직무 관련성이 없는 경우, 강의 요청 기관이 국가·지
   방자치단체 및 그 소속기관인 경우(예: 경기도교육청은 본청·교육지원청·
   연수원 포함 직속기관, 공립 각급 학교가 국가·지방자치단체 및 그 소속기
   관에 해당함. 사립학교나 지방자치단체의 소속기관이 아닌 경우에는 신고
   대상임)

다음은 교육공무원 인사실무편람에 수록된 외부 강의 관련
사례입니다.

근무 외의 업무나 강의, 할 수 있나요?

사례	관련 내용
사전 신고 없이 외부 강의를 한 경우	징계 대상
휴직자가 외부 강의를 할 경우	사전 신고 필요, 초과 사례금 수수 시 신고 및 반환
외부 강의 횟수 제한	청탁금지법상 횟수 제한 없으나 행동강령에서는 제한함
근무시간이 아닌 시간에 외부 강의를 할 경우	사례금 여부 불문 직무 관련 외부 강의를 하는 경우 신고 필요
직무와 관련되지 않은 외부 강의를 할 경우	신고 대상 아님
겸직 허가를 받고 학교 출강을 나가는 경우	사전 허가를 받고 겸직하는 고유 직무를 수행하는 것이므로 외부 강의에 해당하지 않음
공청회, 간담회 등의 회의에서 사회자 등의 역할로 회의 진행을 할 경우	다수를 대상으로 의견·지식을 전달하거나 의견·정보 등을 교환하므로 외부 강의에 해당함
연주 공연 또는 전시, 시험출제위원 등의 활동	의견·지식을 전달한다고 보기 어려우므로 외부 강의에 해당하지 않음

　　교사로서 겸직할 수는 없지만 겸직 허가를 받아 업무를 수행하거나 외부 강의 등을 통해 또 다른 수입을 얻을 수 있음을 확인했습니다. 교사로서 부수입을 얻을 수 있는 다양한 방법은 4부에서도 소개하고 있습니다. 다른 교사들의 부수입 파이프라인을 살펴본 후 장기적인 시각으로 인생을 바라보며 자신만의 파이프라인도 설계해 보면 좋겠습니다.

13월의 월급,
연말정산

소득이 발생하면 소득에 대한 세금을 내야 합니다. 우리는 매달 세금을 미리 내고 있습니다. 이를 원천징수라고 하는데, 소득자인 우리에게 간이세액표*에 따라 세금을 미리 걷어 가는 것을 뜻합니다.

　매년 연말이 되면 정확한 계산을 통해 내야 할 세금을 산출하고 미리 걷은 세금과 비교해 과부족을 정산합니다. 이를 연말정산이라고 합니다. 내야 할 세금보다 많은 세금을 미리 냈다면

---

* 　총급여액, 공제대상 가족 수 등에 따라 원천징수 세금을 정한 표. 개인별 특별공제 항목이 적용되지 않은 평균치라고 보면 됩니다.

더 낸 돈을 환급받고, 내야 할 세금보다 적은 세금을 미리 냈다면 추가 납부를 통해 세금을 더 내야 합니다.

소득에서 세금을 미리 뗄 때(원천징수), 원천징수 비율에 따라 계산된 만큼의 금액을 세금으로 미리 납부하게 됩니다. 원천징수 비율은 80%, 100%, 120% 중 선택할 수 있습니다. 80%로 평소 세금을 덜 내두면 연말정산 때 세금을 더 내는 듯 보입니다. 120%로 평소 세금을 더 내두면 연말정산 때 세금을 덜 내는 듯 보입니다. 하지만 어느 쪽을 택하든 결과적으로 내는 세금은 동일합니다.

원천징수에는 자동차세 선납의 경우처럼 미리 세금을 낸다고 할인해 주는 혜택은 없습니다. 그러니 굳이 높은 원천징수 비율을 택해 미리 세금을 더 낼 필요가 없습니다. 당장 세금을 덜 내고 연말정산 때까지 그 돈을 따로 활용하고 싶다면 원천징수 비율을 80%로 낮게 선택하는 것을 추천합니다. 만약 원천징수 비율을 높이거나 낮추고 싶다면 근무지 급여 담당자에게 문의해서 변경할 수 있습니다.

나이스 시스템에서 연말정산 자료를 등록하는 방법은 다음과 같습니다. 먼저 국세청에서 받은 PDF 자료를 '나이스-나의 메뉴-연말정산-정산공제자료등록-PDF업로드-찾기 버튼-등록 버튼'을 통해 업로드합니다. 만약 국세청 PDF 자료에 없는 내역이 있다면 증빙서류를 행정실에 제출해서 추가 입력하거나 개인적으로 입력한 후 행정실 직원의 확인을 받아 연말정산을 마치면 됩니다.

연말정산 따라 하기

괄호 안의 숫자는 나이스 시스템에서 확인할 수 있는 원천징수영수증 내 항목 숫자를 의미합니다. '나이스-나의 메뉴-연말정산-원천징수영수증' 탭을 통해 나의 연말정산 자료와 비교해 보면 이해에 도움이 될 것입니다.

1	**총급여 계산** '총급여(21)' = 연간 급여액(급여+상여+수당 등)-비과세소득 원천징수영수증에는 비과세소득인 '비과세소득 계(20)'와 비과세소득을 뺀 연간 급여액인 '계(16)'가 따로 표시됩니다. 따라서 '총급여(21)' = '계(16)'로 보시면 됩니다. 비과세소득에는 식대나 출장비 등의 실비, 정액급식비, 교원연구비, 육아휴직수당 등이 있습니다.

근로소득금액 계산

'근로소득금액(23)' = '총급여(21)'-'근로소득공제(22)'

총급여액	근로소득공제
500만 원 이하	총급여액 × 70%
500만 원 초과~1,500만 원 이하	350+(총급여액-500) × 40%
1,500만 원 초과~4,500만 원 이하	750+(총급여액-1,500) × 15%
4,500만 원 초과~1억 원 이하	1,200+(총급여액-4,500) × 5%
1억 원 초과	1,475+(총급여액-10,000) × 2%

예) 총급여액이 3,000만 원인 경우의 근로소득= 3,000-[750+(3,000-1,500)×0.15]= 2,025(만 원)

3	**과세표준 계산** 과세표준(49) = 근로소득금액(23)-각종 소득공제(24~35, 38~46) 소득공제 항목으로는 기본공제(본인, 배우자, 부양가족), 추가공제(경로우대, 장애인, 부녀자, 한부모가족), 연금보험료공제(각종 연금), 특별소득공제(보험료, 주택자금), 그 밖의 소득공제(개인연금저축, 주택마련저축, 신용카드 등 사용액) 등이 있습니다.

4

산출세액 계산

'산출세액(50)' = '과세표준(49)' × 기본세율

과세표준 구간	세율	산출세액 계산
1,400만 원 이하	6%	과세표준의 6%
1,400만 원 초과 5,000만 원 이하	15%	84+(과세표준-1,200)×15%
5,000만 원 초과 8,800만 원 이하	24%	624+(과세표준-5,000)×24%

예) 과세표준이 4,000만 원인 경우의 산출세액= 84+(4,000-1,200)×0.15 = 504(만 원)

5	**결정세액 계산** '결정세액(72)' = '산출세액(50)'-각종 세액공제(51~64, 67~70) 세액공제 항목으로는 근로소득, 자녀, 연금계좌(퇴직연금, 연금저축), 특별세액공제(보장성 보험료, 의료비, 교육비, 기부금), 표준세액공제[*], 주택차입금, 월세액 등이 있습니다.
6	**환급 또는 추가 납부 세액 계산** '차감징수세액(77)' = '결정세액(72, 73)'^{**}-'기납부세액(73~74)' 계산 결과가 (+) 값이면 추가 납부를 해야 하고, (-) 값이면 환급을 받습니다.

---

* 특별세액공제나 특별소득공제를 신청하지 않은 경우 받는 공제입니다.

** 결정세액(71)에 10%의 지방소득세가 더해진 금액입니다.

연말정산 자료 예시

		~					
Ⅰ 근 무 처 별 소 득 명 세	(13) 급 여		38,960,440				38,960,440
	(14) 상 여		1,861,070				1,861,070
	(15) 인 정 상 여						
	(15-1) 주식매수선택권 행사 이익						
	(15-2) 우리사주조합인출금						
	(15-3) 임원퇴직소득금액 한도초과액						
	(15-4) 직무발명보상금						
	(16) 계		40,821,510				40,821,510
Ⅱ 비 과 세 및 감 면 소 득 명 세	(18) 국외근로	M0X					
	(18-1) 야간근로수당	O0X					
	(18-2) 출산보육수당	Q0X					
	(18-4) 연구보조비	H0X	550,000				550,000
	(18-5)						
	(18-6)						
	~						
	(18-39)						
	(19) 수련보조수당	Y22					
	(20) 비과세소득 계		550,000				550,000
	(20-1) 감면소득 계						

(21) 총급여((16), 외국인단일세율 적용 시 연간 근로소득)	40,821,510	(49) 종합소득 과세표준	9,983,788
(22) 근로소득공제	11,373,226	(50) 산출세액	599,027
(23) 근로소득금액	29,448,284		

13월의 월급, 연말정산

구분			[79] 소득세	[80] 지방 소득세	[81] 농어 촌특별세
Ⅲ 세액 명세	(73) 결정세액		0	0	0
	기납부 세액	(74) 종(전)근무지(결정세액란의 세액을 적습니다)	사업자 등록 번호			
	(75) 주(현)근무지		1,450,440	145,000	
	(76) 납부특례세액				
	(77) 차감징수세액 (73)-(74)-(75)-(76)		-1,450,440	-145,000	0

연말정산 흐름을 표로 다시 한 번 정리해 봅시다.

총급여	연봉(급여+상여+수당+인정상여)-비과세소득
(-) 근로소득공제	
근로소득금액	
(-) 인적공제	기본공제, 추가공제
(-) 연금보험료공제	국민연금보험료 등 공적연금 보험료 납부액
(-) 특별소득공제	건강보험료, 주택자금 등
(-) 그 밖의 소득공제	개인연금저축, 주택마련저축 신용카드 등 사용금액 등
(+) 소득공제 한도초과액	
종합소득 과세표준	
(×) 기본세율	
산출세액	
(-) 세액감면 및 공제	근로소득세액공제, 자녀세액공제, 연금계좌세액공제, 특별세액공제(보장성보험료, 의료비, 교육비, 기부금), 주택자금차입금이자세액공제, 월세액세액공제 등

결정세액	
(-) 기납부세액	
차감징수세액	

　　슬기로운 연말정산을 위해서 위와 같은 연말정산의 흐름을 이해하는 것은 기본이고 내가 챙길 수 있는 공제 항목들을 미리 살펴 꼼꼼하게 준비하는 것이 필요합니다. 슬기로운 연말정산을 위한 팁을 몇 가지 소개하겠습니다.

연말정산 개정 사항 확인하기

먼저 매년 바뀌는 연말정산 개정 사항을 확인해야 합니다. 새로 생기거나 없어지는 공제가 무엇인지, 공제 요건이 어떻게 변경되는지 미리 알아 두는 것이 좋겠죠? 국세청 홈페이지의 '국세신고 안내-개인신고안내-연말정산' 탭을 보면 자세한 정보를 얻을 수 있습니다. 놓치는 공제항목이 없도록 챙겨 보면 좋습니다.

연말정산 전용 금융상품 활용하기

예를 들어, 주택청약종합저축은 소득공제*가 되고, 노후를 대비하는 연금저축은 세액공제**가 됩니다. 이러한 금융상품을 효율적으로 활용한다면 금융상품의 목적도 달성할 뿐만 아니라 연말정산에도 도움이 되니 일석이조겠죠? 물론 개인의 재무 상황에 따라 적합한 상품에 가입해야 합니다. 연말정산을 위해 무리하게 상품에 가입했다가는 필요한 돈이 묶이거나 중도해지해야 할 상황이 벌어져서 그간 받았던 연말정산 혜택 금액까지 반환해야 할지도 모르니까요.

미리 연말정산 계산해 보기

국세청에서는 매해 10월 말부터 '연말정산 미리보기' 서비스를 제공합니다. 이 서비스를 통해 1월부터 9월까지의 나의 소비내역(신용카드, 직불카드, 현금영수증 등)을 확인할 수 있는데, 이를 고려해 남은 12월까지의 소비 계획을 세울 수 있습니다. 예를 들

---

* 세금을 부과하는 대상을 줄여 주는 것을 말합니다. 기초공제, 배우자공제, 부양가족공제 등이 있습니다.

** 내야 할 세금 자체를 깎아 주는 것을 말합니다. 근로소득 세액공제, 자녀 세액공제, 연금계좌 세액공제, 특별 세액공제 등이 있습니다.

어, 맞벌이 부부라면 누구 명의로 소비를 할지, 신용카드와 체크카드 중 어떤 방법으로 결제를 할지 등을 결정하는 데 도움을 받을 수 있습니다.

국세청 홈페이지의 '조회/발급-연말정산-연말정산 미리보기' 탭에서 '지급명세서 불러오기'를 누르면 '부양가족 신용카드 자료 선택' 화면이 나옵니다. 본인만의 소비 내역을 확인하고 싶다면 부양가족을 모두 빼고 '신용카드자료 불러오기' 버튼을 누르면 됩니다. 10월 말 이전이라면 확인이 어렵습니다.

연말정산 시기가 닥쳤다면 사전 연말정산 시뮬레이션을 통해 가장 세금을 적게 내는 방법을 찾아야 합니다. 맞벌이 부부라면 먼저 부부가 부양가족, 교육비, 의료비 등을 분배하는 경우를 몇 가지 설정합니다. 그 후 나이스 시스템이나 국세청 홈페이지를 통해 부부의 결정세액을 계산해 보고 부부의 결정세액 합이 가장 적은 경우를 찾는다면 최선의 연말정산 방법이 나올 것입니다.

연말정산 환급금을 최대로 받도록 고민하기

자녀, 부모님 등 부양가족이 있다면 인적공제를 받을 수 있습니다. 가능한 부양가족을 모두 찾아 등록하되 맞벌이 부부라면 소득이 높은 사람에게 부양가족을 등록해 과세표준 구간의 세율을 낮추는 것이 유리합니다.

의료비는 총 급여액의 3%를 초과하는 금액부터 공제 대상이기 때문에 많은 의료비를 지출하지 않았다면 공제받기가 어렵습니다. 맞벌이 부부라면 소득이 적은 사람에게 의료비를 몰아주는 것이 공제받는 데 유리합니다.

소비 관련해서 총 급여액의 25%까지는 신용카드를 사용해 신용카드 혜택을 누리고 그 이상은 체크카드, 현금 등으로 결제해 공제율을 높이세요.

연말정산 추가납부세액 분납 제도

연말정산 후 덜 낸 세금을 납부해야 할 때 한꺼번에 내는 것이 아니라 나눠서 낼 수 있는 제도입니다. 이는 할부와 비슷한 개념으로 월급에서 세금이 한꺼번에 많이 빠지는 것을 막을 수 있습니다.

추가납부세액이 10만 원을 초과할 때 이 제도를 활용할 수 있고, 분납은 3개월로만 가능합니다. 즉, 2~4월 급여에서 원천징수되어 빠져나갑니다.

만약 추가납부세액이 10만 원을 초과해 이 제도를 활용하고자 한다면 연말정산 이후 급여 담당자가 급여에 추가납부세액을 적용하기 전에 행정실에 추가납부세액을 분납하고 싶다고 신청해야 합니다.

놓친 연말정산 내역 다시 적용받기

이전에 놓친 연말정산 내역이 있다면 경정청구를 통해 소급받을 수 있습니다. 최대 5년까지 소급이 가능합니다. 기간 내에 국세청 홈페이지에서 신고하거나 주소지 관할세무소에 직접 방문해서 절차를 밟아야 합니다.

국세청 홈페이지를 이용한다면 '신고/납부-세금신고-종합소득세-근로소득신고-경정청구' 탭을 확인해서 공제받지 못한 내역을 돌려받으면 됩니다.

그리고 놓친 연말정산 내역이 있다면 종합소득세 신고 기간인 5월 중에 그 내역을 신고해야 합니다. 주소지 관할세무서장에게 종합소득 과세표준 확정신고를 하면 공제받지 못한 내역을 돌려받을 수 있습니다.

생애주기 이벤트 시
공무원 혜택

인생을 살면서 겪게 되는 생애주기 이벤트들이 있습니다. 결혼과 임신, 출산, 그리고 사망 등이 그 대표적인 예인데요. 이러한 이벤트가 있을 때는 대부분 평소보다 더 많은 지출이 필요합니다. 그런 부담을 나누고자 십시일반 마음을 모아 축의금, 조의금 등의 이름으로 서로를 돕지요.

학교, 교직원공제회, 연금공단 등 공무원이 되면 만날 수 있는 기관에서도 다양한 혜택들을 마련하고 있습니다. 앞으로 겪을 생애주기 이벤트들을 미리 꼼꼼하게 살펴보고 그때 받을 수 있는 혜택을 똑똑하게 챙겨 두면 좋습니다.

결혼

사랑하는 사람과 행복한 결실을 맺고 깨소금이 쏟아지는 신혼초, 결혼을 하면 제일 먼저 신청해야 할 사항이 두 가지 있습니다. 바로 배우자에 관한 혜택과 결혼 축하금입니다. 먼저, 배우자 관련 혜택을 살펴보겠습니다.

첫째, 월급에 추가되어 나오는 가족수당 중 '배우자 수당'이 있습니다. 둘째, 맞춤형 복지포털에서 받을 수 있는 가족복지점수 중 '배우자 복지점수'가 있습니다.

결혼 후 체크해야 할 혜택

배우자 혜택	배우자 수당: 월 4만 원	부부교원은 1인만 수령, 등본 및 부양가족신청서 제출
	배우자 복지점수: 10만 원	부부교원은 1인만 배정, 등본 및 신청서 제출
결혼 축하금	교직원공제회 결혼 축하금(10만 원)	5년 이내 신청, 가족관계증명서 및 신청서 제출
	교원단체 결혼 축하금	가족관계증명서 및 신청서 제출
	학교 친목회 결혼 축하금	학교 친목회 규정에 따른 서류 제출

배우자 수당은 월 4만 원으로 행정실에 등본과 부양가족신청서를 제출하면 됩니다. 가족수당 지급 기준이 주민등록상 세대를 같이 구성하고 있는지 여부이므로 세대를 같이 하고 있지

않을 경우에는 꼭 전입신고를 해서 세대를 합친 후에 등본을 제출해 신청하면 됩니다. 늦게 신청할 경우 3년까지 소급해서 지급받을 수 있습니다. 부부교원은 한 사람에게만 수령이 가능합니다.

배우자 복지점수는 100점(10만 원)으로 가족수당 대상자여야 지급이 됩니다. 즉, 주민등록상에 같은 세대를 구성해야 한다는 뜻이죠. 등본과 신청서를 제출하면 점수를 받을 수 있습니다. 부부교원일 경우, 배우자 수당처럼 배우자 복지점수도 한 사람에게만 배정이 됩니다.

결혼 축하금도 잊지 말고 챙겨야 할 항목입니다. 교직원공제회에서는 결혼 5년 이내 신청할 경우, 결혼 축하 기념품을 증정합니다. 소속되어 있는 각종 교원단체와 학교 친목회에서도 회원들을 위한 결혼 축하금을 준비해 놓고 있습니다. 가족관계증명서와 신청서 또는 관련 서류만 제출하면 축하금을 받을 수 있습니다.

임신

결혼 후 얼마 지나지 않아 새로운 생명이 찾아오는 기쁨을 맞이했습니다. 몸도 마음도 조심조심하며 학교생활에 임해야겠지요.

임신 시기에 체크해야 할 혜택

모성 보호 시간: 일 2시간 이내	최초 이용 시 병원에서 발급한 증빙 서류 제출(진단서, 임신 확인서, 산모 수첩 등)
임신 검진 휴가: 임신 기간 중 10일 이내	
태아·산모 검진 복지점수: 10만 원	가족관계증명서, 임신 확인서, 신청서 제출

임신 중인 여성 공무원은 휴식이나 병원 진료를 위한 모성 보호 시간을 쓸 수 있습니다. 늦은 출근과 이른 퇴근 등 하루 4시간 이상 근무 시 2시간 이내로 사용할 수 있습니다. 최소 근무시간을 충족하지 못한 모성 보호 시간은 연가로 처리됩니다. 최초 이용 시 병원에서 발급한 진단서, 임신 확인서, 산모 수첩 등의 증빙 서류를 제출하면 됩니다.

임신 검진 휴가는 임신 기간 동안 10일 범위 내에서 받을 수 있습니다. 반일 또는 하루 단위로 신청이 가능하며, 3일 이상 연속으로 사용할 경우, 자료를 제출해야 합니다. 제출 서류는 모성 보호 시간과 같습니다.

마지막으로 맞춤형 복지포털에서 자녀 임신 시 1회에 한해 태아·산모 검진 복지점수 100점(10만 원)을 받을 수 있습니다. 가족관계증명서 또는 임신 확인서, 신청서를 제출하면 됩니다.

출산

바야흐로 열 달이 지나 드디어 아기가 세상에 태어났습니다. 아기를 위해 준비해야 할 것이 한가득이네요. 설렘과 동시에 걱정이 앞서는 선생님을 위해 다양한 혜택과 출산 축하금을 소개합니다.

출산 후 체크해야 할 혜택

2023년 기준

휴가 신청	출산휴가 신청: 임신 또는 출산 시 이용 가능, 90일(다태아는 120일)	출생 확인서, 진단서 등 병원 증빙서류 제출
수당 및 복지 점수	자녀수당: 첫째 월 3만 원, 둘째 월 7만 원, 셋째 이상 월 11만 원	부부교원은 1인만 수령, 등본 및 부양가족신청서 제출
	출산 축하 복지점수: 첫째 100만 원, 둘째 200만 원, 셋째 300만 원	부부교원은 1인만 배정, 가족관계증명서 및 신청서 제출
	부양가족 복지점수: 첫째 5만 원, 둘째 10만 원, 셋째 이상 20만 원	부부교원은 1인만 배정, 출산 후 다음 해에 신청 가능, 등본 및 신청서 제출
축하금 및 선물	교직원공제회 출산 축하금: 첫째와 둘째 각각 10만 원, 셋째 30만 원	5년 이내 신청, 부부교원 각각 신청 가능, 가족관계증명서와 신청서 제출
	교원단체 출산 축하금 (예: 교총 10만 원)	가족관계증명서 및 신청서 제출
	학교 친목회 출산 축하금	학교 친목회 규정에 따른 서류 제출
	공무원연금공단 출산 준비용품 해피박스 신청	부부교원은 1인만 가능, 가족관계증명서 제출
보험 신청	단체보험 실손의료비 신청	진단서, 진료비 영수증, 진료비 세부내역서 제출

먼저, 출산휴가를 신청해야 합니다. 출산 전후 90일 동안 쓸 수 있는데, 출산 전 휴가 기간이 45일을 초과해서는 안 됩니다. 다태아의 경우는 120일까지 쓸 수 있으며, 출산 후 휴가 기간이 60일 이상이 되어야 합니다. 출산휴가는 유급 휴가로 100% 급여가 지급이 되고, 명절수당 등 각종 수당도 받을 수 있습니다.

자녀 출산에 따라 받을 수 있는 각종 수당도 신청해야 합니다. 가족수당 중 '자녀수당'을 신청해 볼까요? 2023년 자녀수당은 1만 원씩 인상되어 첫째는 월 3만 원, 둘째는 월 7만 원, 셋째 이상은 월 11만 원씩 받습니다. 부부교원일 경우, 1인만 수령이 가능합니다. 등본과 부양가족신청서를 제출하면 됩니다.

맞춤형 복지포털에서는 출산 축하 복지점수와 부양가족 복지점수를 받을 수 있습니다. 출산 축하 복지점수는 첫째 1,000점(100만 원, 2023년 신설 배정), 둘째 2,000점(200만 원), 셋째 이상 3,000점(300만 원)으로 배정되어 있습니다. 가족관계증명서와 신청서를 제출하면 점수를 줍니다.

부양가족 복지점수는 출산 후 다음 해에 신청이 가능합니다. 첫째 50점(5만 원), 둘째 100점(10만 원), 셋째 이상 200점(20만 원)으로 배정되어 있습니다. 출산 축하 복지점수와 부양가족 복지점수 모두 부부교원일 경우 1명에게만 줍니다.

소속 학교와 교원단체에서 준비한 출산 축하금도 받을 수 있습니다. 교직원공제회에서는 첫째와 둘째 각각 10만 원씩, 셋째 이상 자녀에게는 30만 원씩 출산 축하금을 줍니다. 교원단체와 학교 친목회에서도 해당 규정에 따라 소속 회원들에게 출산 축하금을 주고 있습니다. 대부분 가족관계증명서를 증빙자료로 제출합니다. 공무원연금공단에서는 출산용품 지원사업을 하고 있습니다. 지원 신청을 하면 승인 완료 후 인증 코드를 받아 전용몰에서 출산 준비 용품을 구매할 수 있습니다.

마지막으로 맞춤형 복지포털에서 미리 가입해 두었던 단체보험에서 실손의료비를 청구할 수 있습니다. 단체보험에서는 개인 의료실비보험에서 담보하지 않는 임신 및 출산 내용을 보장해 주고 있습니다. 임신과 출산을 계획하고 있다면 미리 단체보험을 가입해서 이후 실손의료비를 청구할 수 있도록 합니다. 또한 출산 후 진단서, 진료비 영수증, 진료비 세부내역서 등 구비 서류를 꼼꼼히 챙겨서 퇴원할 수 있도록 준비합니다.

사망

인생에 만남이 있으면, 헤어짐도 있지요. 언제나 나를 응원하고 든든히 지켜 주시던 부모님과 아쉽고 슬픈 이별의 순간을 맞이했습니다. 사랑하는 가족을 더 이상 만날 수 없다는 사실을 받아들이기 힘들고 감정을 추스르기가 어렵기만 합니다. 그런 마음에 함께 위로가 될 수 있는 혜택들이 있습니다.

사망 시 체크해야 할 혜택

사망조위금	공무원연금공단	부조급여 중 사망조위금	공무원 본인 사망 시	공무원 본인 기준소득월액의 2배	3년 이내 신청, 가족관계증명서, 사망자 기본증명서, 신청서 제출
			공무원 배우자, 부모(배우자의 부모 포함), 자녀 사망 시	공무원 전체 기준소득월액 평균액의 0.65배	
		재해보상급여 중 순직유족급여	공무상 부상 또는 질병으로 인해 공무원 본인이 재직 중 사망하거나 퇴직 후 사망 시	순직유족보상금: 공무원 전체의 기준소득월액 평균액(퇴직 후 사망한 경우에는 퇴직 당시)의 24배	5년 이내 신청, 사망진단서(또는 사체검안서), 최초로 내원한 병원의 의무기록지 사본(병원기록이 있는 경우), 유족임을 확인할 수 있는 증명서(가족관계증명서, 혼인관계증명서 등), 유족대표자 선정서(대표자가 청구하는 경우)
				순직유족연금: 공무원의 사망 당시(퇴직 후 사망한 경우에는 퇴직 당시) 기준소득월액의 38%에 해당하는 금액 + 유족 1인당 5% 가산(최대 20%)	
	소속단체	교원단체 사망 조위금			가족관계증명서, 신청서 제출
		학교 친목회 사망 조위금			학교 친목회 규정에 따른 서류 제출

공무원연금공단의 재해보상제도에 안내되는 급여의 종류는 부조급여와 재해보상급여, 이렇게 두 가지로 나뉘어 있습니다. 각각의 급여는 세분화되어 다양한 보상급여를 제공하고 있는데, 이 중 공무원 본인 및 가족 사망 시 혜택을 받을 수 있는 것은 부조급여 중 '사망 조위금'이며, 공무상 부상 또는 질병으로 인해 공무원 본인 사망 시 혜택을 받을 수 있는 것은 재해보상급여 중 '순직유족급여'에 해당합니다.

사망 조위금은 공무원 본인 사망 시 공무원 본인 기준소득월액의 2배를 받게 되며, 공무원 가족 사망 시 공무원 전체 기준소득월액 평균액의 0.65배를 받습니다. 3년 이내에 신청해야 하며 가족관계증명서, 사망자 기본증명서, 신청서 등을 구비해야 합니다. 단, 사망 조위금은 국가나 지방자치단체가 부조적 차원에서 지급하는 급여이며 장제비* 성격을 가지고 있습니다. 그래서 사망 조위금 수급자가 여러 명인 경우 선순위자 1인에게만 지급됩니다.

사망 시 받을 수 있는 조위금은 또 있습니다. 소속되어 있는 교원단체와 소속 학교에서도 회원들의 복지를 위해 조위금을 준비해 놓고 있으니 해당 서류를 제출해서 신청하면 됩니다.

---

* 국민건강보험법에서 피보험자나 피부양자가 사망한 때에 장례를 치르는 사람에게 지급하는 금액입니다.

순직유족급여는 공무상 부상 또는 질병으로 인해 재직 중에 사망하거나 퇴직 후 그 질병 또는 부상으로 사망한 때에 지급하는 급여입니다. 예를 들면, 수업 중 안전사고, 행사 및 교육 훈련 사고, 출장과 출퇴근 중 교통사고 등이 이에 해당합니다. 증빙 서류를 통해 순직을 인정받게 되면 유족에게 공무원 전체의 기준소득월액 평균액(퇴직 후 사망한 경우에는 퇴직 당시)의 24배에 해당하는 순직유족보상금이 지급됩니다. 또한 공무원의 사망 당시 (퇴직 후 사망한 경우에는 퇴직 당시) 기준소득월액의 38%에 해당하는 금액에 유족 1인당 5%를 가산해(최대 20%) 순직유족연금도 함께 지급됩니다.

순직유족급여는 5년 이내에 신청해야 하며 순직을 인정받아야 하는 급여이기에 증빙 서류가 많이 요구되는 편이니 세심하게 준비해야 합니다.

청약으로
내 집 마련하기

교사로서 알아야 할 내용은 아니지만, 청약으로 내 집 마련을 꿈꾸는 분들을 위해 청약제도를 소개합니다.

아파트인 국민주택이나 민영주택 청약을 하기 위해서는 주택청약종합저축에 가입해야 합니다. 주택청약종합저축은 이용이 편리한 은행에서 가입할 수 있으며, 매월 2만 원 이상 50만 원 이내에서 납입금액을 선택할 수 있습니다.

주택청약종합저축은 최소 10만 원 이상 납입하는 것을 추천합니다. 공공분양에 청약할 경우 1회 최대 납입인정금액이 10만 원이기 때문입니다. 그리고 연말정산 소득공제를 받을 수 있는 최대한도는 연간 240만 원, 월 20만 원입니다. 따라서 10만 원, 최대 20만 원을 넣는 것이 가장 좋습니다.

아파트 공급 방법으로는 특별공급과 일반공급이 있습니다. 특별공급은 다자녀가구, 신혼부부, 국가유공자, 노부모 부양자 등 정책적 배려가 필요한 사회계층이 분양(임대)받을 수 있도록 지원해 주는 제도입니다. 특별공급 당첨 횟수는 1세대당 평생 1회로 제한하며, 특별공급 종류에 따라 마련된 소득 기준도 충족해야 하기에 자신의 조건을 살펴 신중하게 청약해야 합니다.

일반공급은 국민주택인지, 민영주택인지에 따라 당첨자 선정 방법이 다릅니다. 국민주택은 청약 순위(1, 2순위)에 따르며 1순위 미달 시에만 2순위 입주자를 선정합니다. 1순위 안에 경쟁이 있을 때는 아래의 순차별로 선정하며, '순차 1'에서 미달 시 '순차 2'에서 입주자를 선정합니다. 2순위는 추첨 방식입니다.

순차	40m² 초과	40m² 이하
1	3년 이상의 기간 무주택세대구성원으로서 저축총액이 많은 자	3년 이상의 기간 무주택세대구성원으로서 납입횟수가 많은 자
2	저축총액이 많은 자	저축총액이 많은 자

민영주택은 가점제와 추첨제로 당첨자를 선정하는데 청약 순위(1, 2순위)에 따라 입주자를 선정하며, 1순위 미달 시에만 2순위 입주자를 선정합니다. 1순위 중 같은 순위 안에 경쟁이 있을 때는 가점 및 추첨제로 입주자를 선정합니다. 2순위는 추첨 방식입니다.

민영주택 당첨자 선정 비율

2023년 기준

주택 구분 \ 주거전용면적	60m² 이하	60~85m²	85m² 초과
투기과열지구	가점: 40% 추첨: 60%	가점: 70% 추첨: 30%	가점: 80% 추첨: 20%
조정대상지역	가점: 40% 추첨: 60%	가점: 70% 추첨: 30%	가점: 50% 추첨: 50%
비규제지역	가점: 40% 이하 (지자체 결정)		추첨: 100%

그렇다면 민영주택에서 가점제로 당첨자를 선정한다고 했을 때 가점 항목은 어떻게 정해지며 각각의 가점 항목에 따른 점수는 어떻게 될까요? 다음의 표에서 자신에게 해당하는 항목과 점수를 계산해 볼 수 있습니다.

민영주택 가점 항목 및 점수

2023년 기준

가점 항목 [종점: 84점]	가점 구분	점수
무주택기간 (상한: 32점)	1년 미만	2
	1년 이상~2년 미만	4
	2년 이상~3년 미만	6
	3년 이상~4년 미만	8
	4년 이상~5년 미만	10
	5년 이상~6년 미만	12
	6년 이상~7년 미만	14
	7년 이상~8년 미만	16
	8년 이상~9년 미만	18
	9년 이상~10년 미만	20
	10년 이상~11년 미만	22
	11년 이상~12년 미만	24
	12년 이상~13년 미만	26
	13년 이상~14년 미만	28
	14년 이상~15년 미만	30
	15년 이상	32
부양가족 수 (상한: 35점)	0명	5
	1명	10
	2명	15
	3명	20
	4명	25
	5명	30
	6명 이상	35
입주자 저축 가입기간 (상한: 17점)	6월 미만	1
	6월 이상~1년 미만	2
	1년 이상~2년 미만	3
	2년 이상~3년 미만	4
	3년 이상~4년 미만	5
	4년 이상~5년 미만	6
	5년 이상~6년 미만	7
	6년 이상~7년 미만	8
	7년 이상~8년 미만	9
	8년 이상~9년 미만	10
	9년 이상~10년 미만	11
	10년 이상~11년 미만	12
	11년 이상~12년 미만	13
	12년 이상~13년 미만	14
	13년 이상~14년 미만	15
	14년 이상~15년 미만	16
	15년 이상	17

청약으로 내 집 마련하기

청약제도는 큰 틀은 유지하되 세부 내용이 정부 정책 등에 따라 변동되기도 합니다. 따라서 주택청약을 염두에 둔다면 현재의 청약제도를 이해하면서 동시에 관련 뉴스나 정책 등에 관심을 두고 계속 살펴보는 것이 좋습니다. 청약과 관련된 내용은 청약홈(applyhome.co.kr) 사이트에서 자세히 살펴볼 수 있으며 청약에 대한 궁금한 점은 청약홈 고객센터를 통해 문의할 수 있습니다.

4부

교사의 재무 관리, 무엇이든 물어보세요

Q1. 공무원연금,
제대로 받을 수 있을까요?

A: 공무원연금 개혁의 확률은 상당히 높습니다. 하지만 과도한 우려는 과도한 노후 대비로 이어지기 때문에 합리적인 수준에서 연금저축과 교직원공제회 등으로 노후를 준비해 봅시다.

'○○○이 띄운 공적연금 통합안 실현될 수 있을까?'

'국민연금 53만 원, 공무원연금 248만 원… 수급액 격차 줄이려면'

'공적연금 통합론 급부상… 찬반 의견 팽팽'

'공무원, 군인, 사학연금은 불치병… 먼저 수술해야'

'공무원연금'으로 검색하면 볼 수 있는 기사 제목들입니다. '공무원연금이 또 삭감되겠구나.' 하는 한숨과 걱정을 불러일으키는 소식들이죠. 특히 경력이 많지 않은 선생님들은 연금 삭감으로 노후 대비가 어려울 것이라고 불안해 합니다. 문제는 불안이 감정적인 것에서 그치지 않고 재무적인 선택으로 이어진다는 것입니다.

많은 선생님들이 공무원연금 삭감에 대비해 연금저축, 교직원공제회 장기저축급여와 같은 연금 상품에 가입합니다. 문제는 연금 상품을 선택하는 과정에서 여러 가지 정보를 자발적으로 분석하고 판단하는 것이 아니라 연금 개혁에 대한 부정적인 전망과 여론으로 인한 불안감, 홍보 마케팅 등 사회적 압력 때문에 비자발적인 선택을 하는 경우입니다.

물론 선생님들은 답답함을 토로할 수 있습니다. '공무원연금 개혁이 실시되면 제가 퇴직할 때는 노후 대비가 불가능할 정도로 적은 연금을 받게 될 수도 있는데 연금 상품이 아니라면 어떻게 노후를 준비해야 하는 건가요?'라며 반문할 수도 있습니다.

하지만 현실적으로 생각해 보면 당장 공무원연금 개혁이 되더라도 노후를 전혀 보장하지 못할 정도로 형편없이 바뀔 가능성은 거의 없습니다. 게다가 아직은 실체 없는 말들만 무성할 뿐입니다. 아직 일어나지 않은 일을 미리 속단하고 걱정하는 것보다는 공무원연금 개혁이 실시되었을 때를 대비해 놓고 발 빠르게 대처하는 것이 합리적이겠죠.

이전에 있었던 공무원연금 개혁 사례를 살펴보면서 실제로 공무원연금이 개혁되면 어떠한 실질적인 변화가 나타날지 함께 예상해 볼 수 있습니다.

더 내고 덜 받고 늦게 받고

다음은 가장 최근에 실시된 '2015 공무원연금 개혁'의 주요 내용입니다.

2015년 공무원연금 개혁 주요 내용

연금보험료율	기준소득월액의 14%에서 18%로 인상
연금지급률	재직기간 1년당 1.9%에서 1.7%로 인하
연금 개시연령	2009년 이전 임용자도 점차적으로 개시연령을 늦춰 2033년부터는 65세부터 받도록 함
기타	연금소득 상한을 전체 공무원 기준소득월액 평균액의 1.8배에서 1.6배로 조정
	급여 산정 재직기간의 상한은 종전 33년에서 36년으로 연장

연금보험료는 말 그대로 연금보험 가입자가 매달 납부해야 할 보험료입니다. 흔히 월급명세서에서 일반기여금으로 원천징수되는데 기본적으로 정부와 본인이 반반씩 납부해 적립합니다.

연금보험료율이 14%에서 18%로 인상되었으니 본인 부담이 7%에서 9%로 인상된 것입니다. 만 30세, 교직 경력 7년 차 15호봉 교사의 경우 기준소득월액이 390만 원 내외이기 때문에 연금보험료가 7만 8,000원가량 상승했다고 볼 수 있습니다.

연금 수령액 계산식

(평균기준소득월액 × 이행률) × 재직기간 × 연금지급률 1.7%

연금지급률은 퇴직 후 실제 연금 수령액 계산을 위해 필요한 숫자입니다. 연금지급률이 낮아졌다는 것은 그만큼 받는 연금액이 줄어들었다는 의미입니다. 만약 재직하는 동안 평균기준소득월액이 570만 원, 재직기간이 38년이라고 가정하면 매월 '570만 원 × 38년 × 0.2% = 43만 3,200원'의 연금 수령액이 개혁으로 인해 줄어든 것입니다.

연금 개시연령도 늦춰졌습니다. 기존에는 2009년 이전 임용된 선생님들은 연금 개시연령이 만 61세였지만 2015년 개혁으로 2009년 이후에 임용된 선생님들과 동일하게 만 65세로 늦춰졌습니다. 노후에 소득 없이 4년을 지내야 하기 때문에 교사 입장에서는 손해가 큰 변화죠.

퇴직 시기에 따른 공무원연금 지급 연령

퇴직 시기	공무원연금 지급 연령
2016~2021년	만 60세
2022~2023년	만 61세
2024~2026년	만 62세
2027~2029년	만 63세
2030~2032년	만 64세
2033년~	만 65세

공무원연금 개혁, 얼마나 손해 볼까?

수많은 퇴직 공무원들의 연금을 지급하려면 아무래도 국가 재정에 부담이 커질 수밖에 없습니다. 가장 확실한 해결 방안은 연금보험료를 더 걷거나, 연금을 덜 주거나, 더 늦게 받도록 하는 것이겠죠. 공무원연금 개혁의 목적이 바로 여기에 있습니다. 국민연금과의 형평성과 통합을 이야기하는 것도 결과적으로는 연금을 덜 주기 위한 방법이라고 볼 수 있습니다.

2015년에 공무원연금이 개혁될 때에도 지금과 마찬가지로 언론과 정치인들은 공무원연금에 따른 재정 부담을 계속 부각하면서 공무원연금 개혁의 명분을 만들었습니다. 그 결과로 15호봉을 기준으로 한 달에 약 7만 8,000원을 더 내게 되었고, 약 43만 3,000원을 덜 받게 되었습니다. 퇴직 후 4년간 연금을 받을 수도 없어졌죠.

그렇다면 이해 당사자인 교사의 입장에서 지금 당장 알아야 할 것은 무엇일까요? 공무원연금 개혁의 실현 여부를 따지는 것보다 연금보험료를 얼마나 더 내야 하는지, 연금을 얼마나 덜 받을지, 연금을 받을 수 있는 연령이 얼마나 늦어질지를 아는 것이 훨씬 중요합니다.

만약 2024년에 연금이 개혁된다면 9년 만에 다시 연금 개혁이 이루어지는 것입니다. 이것을 단순한 공식으로 확장해 보면 30세(15호봉) 선생님의 경우 퇴직 때까지 3번 정도의 연금 개혁이 이루어질 수 있을 겁니다.

연금 개혁이 이루어질 때마다 교사는 더 내고, 덜 받게 될 것입니다. 현재 화폐 기준으로 30세 교사의 연금 수령액이 250만 원 내외라고 가정하고 2015년 당시 수준으로 연금 개혁이 이루어져 연금 수령액이 43만 3,000원씩 세 번 더 깎인다고 생각하면 129만 9,000원이 깎여 연금 수령액은 120만 원 정도 줄어듭니다.

여기까지 생각하면 공무원연금을 제대로 받을 수 있다는 기대는 접어 두고, 당장이라도 노후 대비를 위해 다른 방법을 찾는 것이 합리적인 듯합니다. 하지만 이러한 가정대로 개혁이 일어날 가능성은 크지 않다고 생각합니다. 2015년 개혁 당시에는 공무원연금 수령액과 국민연금 수령액과의 격차가 큰 것에 대한 형평성 논란에 대해 공무원 내부에서도 어느 정도 인정하는 분위기가 있었지만 개혁이 거듭될수록 그 명분은 약화될 것이고 그만큼 공무원들의 반발도 심해질 것이기 때문입니다.

앞으로 몇 차례의 공무원연금 개혁이 기다리고 있을지 모르겠습니다. 하지만 공무원연금의 존재의 이유까지 위협할 정도의 극단적 개혁이 일어날 것이라고 생각하고, 두려움과 걱정 때문에 20대부터 무리하게 노후를 준비하는 것은 비합리적입니다. 물론 지나치게 낙관적으로 생각하고 대비하지 않는 것도 어리석다고 생각합니다. 미래를 단정 지어 판단하지 말고 앞으로 공무원연금 개혁의 목소리가 커질 때마다 관심을 기울이면서 교사들의 입장도 잘 대변할 필요가 있습니다. 특히 국민연금과의 단순 비교를 경계하고 정확한 정보를 구해야 합니다. 교사들은 이미 국민연금과 퇴직연금을 합친 만큼의 연금보험료를 납입하고 있기 때문입니다.

더불어 공무원연금 외 노후 대비를 위한 준비도 필요합니다. 자신의 연령과 상황을 잘 고려해 연금저축, 교직원공제회 장기저축급여 등 연금 상품을 활용한 은퇴 설계도 준비해야 합니다.

Q2. 연금저축에 가입해야 할까요?

A: 연금저축은 가입하면 좋은 상품입니다. 그러나 반드시 장기간 유지해야 이점이 있습니다. 오랫동안 돈을 묶어 두어야 하기 때문에 당장 타격이 될 만한 고액으로 무리해서 시작하면 안 됩니다. 중간에 포기하는 일이 없도록 처음에는 5~10만 원 정도로 부담 없이 장기간 납입할 수 있게 시작하고, 생애주기에 따라 증액해 나가는 방법을 추천합니다.

"우리 때는 연금이 어떻게 될지 몰라! 그거 믿고 있다가 큰일 난다니까. 후회하기 전에 개인연금을 더 해야지!"

오랜만의 동기 모임에서 재테크를 잘한다고 소문이 난 친구가 한 말이 머릿속을 떠나지 않습니다. 이미 공제회 저축과 매달 나가는 기여금만으로도 빠듯한데 허리띠를 더 조여서 지금이라도 개인연금을 가입해야 하는 건지, 고민이 깊어집니다.

선생님들의 재무 설계를 도우면서 젊은 선생님들이 연금에 대한 걱정을 많이 한다는 것을 알았습니다. 연금저축 가입에 대한 궁금증을 풀어 보고 연금저축 펀드의 특징을 살펴보며 교직원공제회 장기저축급여와 비교해 보도록 하겠습니다.

연금저축 가입 혜택은?

노후를 위해 연금이 필요하다는 것과 공무원 신분으로 열심히 일하다 노후를 맞으면 공무원연금이 나온다는 것은 다들 이미 알고 있는 사실입니다. 공무원연금 외 노후 대비 상품에 가입해 더 풍요로운 노후를 맞이할 수 있다면 좋겠죠? 그러기 위해 필요한 것이 개인연금이고, 그중 가장 대표적인 상품이 연금저축입니다.

연금저축은 여러 금융사에서 가입할 수 있습니다. 은행에서 가입하면 연금저축 신탁, 보험사에서 가입하면 연금저축 보험, 증권사에서 가입하면 연금저축 펀드가 됩니다. 은행, 보험, 증권의 차이는 어디서 오는 것일까요? 상품에 금액을 납입하고 연금으로 쓰는 동안 어떻게 그 돈이 운용이 되는지에 따라 차이가 있다고 보면 됩니다.

과거에 금리가 높을 때에는 연금저축 보험과 신탁에 많이 가입했습니다. 하지만 2022년을 제외한 최근 몇 년 간은 초저금리라고 불릴 정도로 금리가 낮아 투자 수익률을 높일 수 있는 연금저축 펀드에 가입하는 비중이 높아졌습니다.

국민들의 안정된 노후를 위해 정부 차원에서도 연금저축에 대한 제도적 혜택을 제공하고, 가입자를 늘리기 위해 노력하고 있습니다. 그중에서도 가장 큰 제도적 혜택은 연금저축 납입금에 따라 가입자에게 세제 혜택을 주는 것입니다. 세액공제라는 이름으로 연말정산 시 금전적 혜택을 줍니다.

세액공제는 소득에 따라서 조금씩 다릅니다. 연금저축의 경우 세액공제 한도는 2023년부터 600만 원까지입니다. 2023년부터 연금저축과 IRP(개인형 퇴직연금)를 더한 세액공제 한도가 기존 연 700만 원에서 900만 원으로 확대되어 혜택이 더 커집니다. 이 900만 원을 1년 동안 넣었을 때, 급여 연소득이 5,500만 원 이하라면 세액공제 비율은 16.5%, 세액공제 최고액은 148만 5,000원이 됩니다. 5,500만 원을 초과하면 13.2%로 118만 8,000원이 됩니다. 올해 900만 원을 채우게 되었다면 계좌로 이 금액이 들어오게 되는 것입니다.

이렇게 쌓인 원금과 투자 수익은 납입기간이 5년 이상 된 경우 55세부터 연금 신청을 해서 매월 받을 수 있습니다. 그리고 연금계좌에서 매월 연금으로 지급되는 돈을 제한 나머지 돈은 여전히 내가 원하는 대로 운용해 불릴 수 있습니다. 만약에 연금 수급자가 연금계좌에 있는 돈을 다 받지 못하고 중도에 사망하게 되더라도 그 돈은 금융자산의 형태로 가족들에게 상속됩니다.

연금저축의 단점

연금저축의 목적은 국민들이 노후를 위한 연금을 마련하도록 돕는 것이기 때문에 장기간 자금을 운용하면서 수익을 늘려 갑니다. 그래서 장기 운용을 유도하기 위해 연금저축의 목적에 맞지 않는 결정을 할 때 가입자가 불리하도록 설계되어 있습니다. 이 것이 바로 연금저축의 단점이 될 수 있습니다.

연금저축의 가장 큰 단점은 중도에 해지하면 손실이 크다는 것입니다. 개인연금을 가입 5년 미만 혹은 55세 이전에 해지하게 되면 16.5%가 날아가게 됩니다. 만약 연금으로 받을 경우 3~5%의 연금소득세율을 적용받는 것과 비교해 보면 엄청난 차이가 있습니다.

그래도 급전이 필요하다면 연금을 담보로 대출을 받을 수 있고 내가 납입한 금액 중 세제 혜택을 받은 600만 원을 초과한 금액은 필요시 중도 인출이 가능합니다.

항상 연금저축과 함께 추천되는 개인형 퇴직연금 IRP는 연금저축과 달리 중도 인출이 허용되지 않고 개인회생, 해외이주, 요양의료비 등과 같이 특수한 경우에만 허용되는데 연금저축과 IRP를 비교할 때 알아두면 좋습니다.

연금저축 펀드를 통해 투자를 하다 보면 투자 수익이 발생합니다. 그런데 연금저축 펀드를 통해 발생한 배당 수익, 이자 수익, 양도 차익의 세금은 발생한 연도에 곧바로 내지 않습니다. 대신 이후 연금 형태 혹은 일시금으로 수령할 때 연금소득세로 세금이 부과됩니다. 연금으로 수령할 때는 연령에 따라 5.5%에서 3.3% 정도 세금으로 납부하고 연금 개시 후, 일시금으로 수령할 때는 일 년에 받을 수 있는 금액의 한도를 초과하는 금액에만 기타소득세율 16.5%가 적용됩니다.

배당이나 이자 수익, 양도 차익이 발생할 때 바로 세금을 내지 않고 장기간 운용할 수 있다는 것은 큰 장점입니다. 하지만 국내 주식의 경우 양도 차익이 연간 5,000만 원 이하일 경우에는 세금을 내지 않는 것에 비해 연금저축은 추후이지만 수익에 대해 연금소득세가 부과된다는 것이 단점일 수도 있습니다. 또한 연금 수령액이 연간 1,200만 원이 넘으면 금융소득종합과세 대상이 되어 세금 금액이 커질 수 있다는 것도 단점이기 때문에 연금저축 가입 시에는 이러한 점을 고려하면 좋습니다.

더불어 연금저축 펀드 상품은 개별 주식에 투자할 수 없습니다. 연금저축은 장기간 안정적으로 자산을 모을 수 있도록 변동성이 큰 개별 주식에는 투자를 제한하고 있습니다. 만약 개별 주식에 투자를 하고 절세 효과를 보고 싶다면 배당금이나 양도세의 세제 혜택을 받을 수 있는 ISA 계좌와 같은 투자 방법을 이용하는 것도 좋습니다.

교직원공제회와 연금저축, 무엇이 더 좋을까?

한정된 금액을 공제회와 연금저축 중 어떤 것에 비중을 더 두어 넣으면 좋을까요? 교직원공제회 장기저축급여 분할급여금의 간단한 특징을 살펴보겠습니다.

교직원공제회 장기저축급여 분할급여금

2023년 6월 기준

급여율	• 연복리 4.60% (변동금리 기준: 2022년 9월 1일)

세제 혜택	• 저율과세(0~3%)
	• 본인의 장기저축급여 퇴직급여금에 적용된 세율과 동일함
	   - 1998년 12월 31일까지 가입한 회원에게는 장기저축급여 부가금에 대해 비과세 혜택을, 1999년 1월 1일 이후 가입한 회원에 대해서는 저율과세(납입기간, 납입금액에 따라 세율 차등 적용) 혜택이 있음
	   - 장기저축급여 퇴직급여율 변동 또는 관련세법(소득세법 제63조 직장공제회 초과반환금에 대한 세액계산의 특례) 개정 시 산출세율도 변경됨
	• 분할급여금 수령 시 발생하는 부가금에 대해서만 이자소득세 과세(원금은 과세대상이 아니며 연금소득세와도 무관)

주요 내용	• 원리금균등분할지급 • 지급기간, 주기, 수령일 최초 계약 시 설정 가능
금융소득종합 과세 대상	• 종합소득과세 대상에서 제외됨

Q2. 연금저축에 가입해야 할까요?

장기저축급여 분할급여금은 4.6%(2023년 6월 기준)의 높은 이율 및 낮은 세율(0~3%), 중도해약 수수료를 비롯한 일체의 비용 부과가 없다는 점, 기금의 안정성 부분에서 큰 장점을 가지고 있습니다. 또한 발생 이자에 대해서 저율과세될 뿐 아니라 수수료가 없기 때문에 실수령액이 높습니다.

연금저축 펀드

연평균수익률	• 가입한 상품에 따라 차이가 있음 - 금융감독원 금융상품통합 비교 공시 사이트 '금융상품한눈에(finlife.fss.or.kr)'에서 수익률을 확인해 볼 수 있음(자산운용사별, 상품별, 기간별로 수익률 현황이 천차만별이니 가입 시 잘 알아보는 것이 좋음)
세제 혜택	• 납입 시 세액공제 13.2% 또는 16.5%(연금저축 연 600만 원 한도, 추가적립분으로 IRP상품의 경우 연금저축과 합산해 연 900만 원 한도) • 연금 수령 시, 연금소득세 3.3~5.5% | 55세 이상~70세 미만	5.5%
70세 이상~80세 미만	4.4%
80세 이상	3.3% | • 국민의 노후 대비를 위해 세제 혜택이 있는 상품이기 때문에 이를 장기간 유지하지 않고 중도에 해지하는 경우는 그동안 제공받은 혜택을 기타소득세 16.5%로 내야 하므로 전체 납입금액의 일부를 돌려받지 못하게 될 수 있습니다.
금융소득 종합과세 대상	• 연간 1,200만 원이 넘으면 금융소득종합과세에 포함 - 2023년부터는 연금 수급자에게 선택권이 주어지게 되어 한 해 연금소득이 1,200만 원이 넘는 경우 종합과세 이외에 분리과세를 선택할 수 있습니다.(분리과세 선택 시 16.5% 단일세율)

앞의 표는 최근 많은 사람들이 가입하고 있는 연금저축 펀드의 내용을 정리한 것입니다. 장기저축급여와 비교해 봅시다.

연금저축 펀드의 수익률은 분명 매력적입니다. 그렇지만 글로벌 증시의 영향을 받기 때문에 변동성이 높습니다. '금융감독원 통합연금포털 사이트'의 운용사별 수익률과 연평균 장기수익률을 살펴보면 이런 특징을 확인할 수 있습니다.

2023년 2분기 기준

금융회사	23년 2분기	22년 수익률	5년 연평균	10년 연평균
M사	1.90%	-20.18%	1.49%	8.78%
S사	2.88%	-16.25%	-1.20%	-0.21%
H사	4.80%	-29.99%	-4.11%	-0.27%
P사	12.91%	-24.41%	4.15%	9.46%

투자 분야와 국가 등의 주식시장이 좋지 못하면 당연히 연금저축 계좌의 수익률도 부정적입니다. 그러나 연금 수령이 목적이며 장기적인 관점으로 투자하는 것이니 당장의 시장 흐름으로 일희일비할 필요는 없습니다. 같은 금액을 교직원공제회와 연금저축 펀드에 납입한다면 각각 어떤 변화가 있을까요. 연간 700만원을 납입해서 5년 동안 변화되는 금액을 살펴보겠습니다.

교직원공제회

2023년 기준

납입연도	급여율(변동)	납입금액	이자	누적액
2019	3.60%	700만 원	25만 2,000원	725만 2,000원
2020	3.70%	700만 원	52만 7,324원	1,477만 9,324원
2021	3.70%	700만 원	80만 5,834원	2,258만 5,158원
2022	3.80%	700만 원	112만 4,236원	3,070만 9,394원
2023	4.60%	700만 원	205만 6,632원	3,976만 6,026원

* 상기 내용은 실제와 약간의 차이가 있을 수 있습니다.

연금저축 펀드(IRP)

연간수익률 3%로 가정

기간	연초납입액	펀드수수료	세액공제	연간수익	연말누적액
1	700만 원	3만 5,000원	92만 4,000원	21만 원	809만 9,000원
2	700만 원	7만 5,495원	92만 4,000원	45만 705원	1,639만 8,210원
3	700만 원	11만 6,991원	92만 4,000원	69만 8,437원	2,490만 3,656원
4	700만 원	15만 9,518원	92만 4,000원	95만 2,324원	3,362만 462원
5	700만 원	20만 3,102원	92만 4,000원	121만 2,521원	4,255만 3,880원

만약 우리에게 자금이 충분하다면 미래를 위해 충분한 금액을 두 가지 상품에 넉넉히 투입할 수 있고, 교직원공제회의 혜택과 개인연금저축 펀드의 혜택을 둘 다 누리는 데에 아무 지장이 없을 것입니다.

그러나 자원은 한정되어 있고 기본적인 생활을 위해서도 많은 비용이 필요하기 때문에 무작정 많은 금액을 미래 연금을 위해 투입하기에는 현실적인 어려움이 따릅니다. 연금으로 투입하기에 현재 돈이 충분하지 않다면 교직원공제회 장기저축급여와 연금저축 중 어떤 것을 선택하는 것이 좋을까요?

연금저축 펀드를 통해 S&P 500과 같이 꾸준히 성장하는 시장에 장기간 투자한다면 수익률은 교직원공제회 장기저축급여에 비해 높을 수 있습니다. 하지만 다들 아는 것처럼 주식시장은 오르기만 하는 것이 아닙니다. 그렇기 때문에 원금 손실의 가능성도 있습니다. 가끔 그 손실 규모는 심리적인 부담을 줄 만큼 클 수 있고 중도해지의 유혹을 느끼게 할 수도 있습니다. 그렇기 때문에 단순히 수익률뿐 아니라 자신의 투자 성향에 따라서도 개인연금에 납입하는 비중을 어느 정도로 둘지 선택하는 것이 좋겠습니다.

연금저축 펀드도 물론 손실의 위험성이 있지만 긴 시간을 두고 보았을 때는 더 높은 수익률을 바랄 수 있습니다. 중간에 해지를 하지 않고 오랫동안 이 상품을 꾸준히 유지하도록 하는 것이 가장 중요하다는 사실을 알고, 연금저축 펀드 상품에도 관심을 두고 가입해 유지하는 것을 추천합니다.

은퇴한 선생님들의 장기저축급여 분할급여금에 대한 의견을 들어 보면 "약속된 이자를 받는 것이라 마음이 편하다.", "선물처럼 잊고 있던 금액을 찾은 기분이다."라고 합니다. 이렇게 장기저축급여는 비록 수익률은 낮을지라도 확실한 이자를 약속해 지급합니다. 평소 월급에서 따로 관리하지 않아도 본인이 신청한 금액만큼 매달 쌓이기 때문에 신경을 전혀 쓰고 있지 않았더라도 무리 없이 원금과 그에 따른 이자를 선물처럼 되찾는 장점이 있습니다. 여기에 부과되는 세금도 낮은 편이니 이 돈을 다시 찾는 시점에서 혜택을 받는 기분도 들 것입니다.

선생님들은 대부분 장기저축급여 금액을 납입하면서 공제회의 여러 가지 혜택도 동시에 누릴 수 있습니다. 장기간 유지하기에 부담 없는 선에서 납입하면서 연금저축 펀드 상품에도 관심을 가지고 노후를 대비하면 좋겠습니다.

Q3. 교직원공제회 장기저축급여는 얼마를 들어야 할까요?

A: 사회 초년생일수록 월 납입액을 최소한으로 하고 결혼, 내 집 마련, 임신, 출산, 육아 등 생애주기 이벤트들이 끝날 때쯤 월 납입액을 늘려 보시길 추천드립니다.

교직원공제회 장기저축급여 상품에 가입하셨나요? 이 질문을 받게 된다면 대부분 그렇다고 대답할 겁니다. 신규 교사 연수에서 처음 소개받는 교직원공제회 상품은 상당히 매력적으로 다가옵니다. 시중 은행 금리가 고공 행진을 보였던 2022년 하반기 이후를 제외하고는 그동안 거의 모든 시즌에서 은행 금리보다 더 높은 금리를 제공해 왔으니까요. 0~3% 저율과세를 적용받으며 금융소득종합과세*에서도 제외됩니다. 이를 담보로 교사에게 제공되는 매우 유용한 여러 가지 대여 제도도 활용할 수 있습니다.

그렇다면 저축 상품에 얼마 정도 넣어야 할까요? 현재 교직원공제회 장기저축급여 상품 월 납입액은 최소 50구좌(3만 원)에서 최고 2,500구좌(150만 원)까지 10구좌(6,000원) 단위로 가입이 가능합니다.

참고로 장기저축급여 퇴직급여율은 2023년 6월 1일 기준으로 연복리 4.60%이며, 변동금리입니다. 참고할 점은 2019년 8월 31일 이전에 납입한 원금은 납입기간에 따라 연차별 급여율을 적용하고, 2019년 9월 1일 이후 납입한 원금은 납부 시점의 퇴직급여율과 시기마다 변동된 금리에 따라 운용된다는 점입니다. 따라서 교직원공제회 홈페이지나 콜센터를 통해 장기저축급여에 관련된 내용을 정확히 확인하세요.

장기저축급여는 매달 월급에서 선공제됩니다. 가입한 금액만큼이 빠져나간 후 나머지 급여를 실수령하기에 강제 저축을 하는 것과 비슷하다는 장점이 있습니다. 또 금리 측면에서 연복

---

* 개인별 금융소득(이자, 배당소득)이 연 2,000만 원을 초과하면 금융소득을 다른 소득과 합산해 누진세율을 적용하는 제도입니다.

리가 적용되기 때문에 시중 은행의 상품보다 유리해 보입니다.

하지만 '장기간 돈이 묶이는 상품이므로 최저 금액으로 넣어야 한다.', '저율과세를 적용받으니 최고 금액으로 넣어야 한다.' 등 교사들 사이에서도 의견이 분분하니 각자 자신의 경제 상황에 맞추어 적합한 기준을 세워야 합니다.

사회 초년생이라면 월 납입액은 최소한으로

우선, 생애주기에 따라 사회 초년생일수록 월 납입액을 최소한으로 하는 것을 추천합니다. 대부분의 신규 선생님들은 아직 결혼, 내 집 마련, 임신, 출산, 육아 등의 본격적인 생애주기 이벤트들을 겪지 않았을 것입니다. 이런 이벤트들은 큰 소비 지출을 필요로 합니다.

지금 당장 나에게 생애 큰 이벤트 시기가 오지 않았다고 장기저축급여 납입액을 상당한 금액으로 납부한다면, 정작 큰 목돈이 필요할 때에 돈을 마련할 수 없습니다. 고민하다 그동안 장기저축급여로 모은 목돈을 해지해야겠다는 결정을 내리기도 합니다. 이렇게 결정하면 기존에 약속된 금리를 적용받지 못하게 되어 손해가 발생합니다. 얼마 정도 손해가 발생하는지 교직원공제회 홈페이지에 제시된 '탈퇴급여금 지급률'을 함께 살펴보겠습니다.

'탈퇴급여금 지급률'이란 회원이 퇴직 이외의 사유로 급여금 (원리금)을 청구하거나, 6개월 이상 계속해서 부담금(원금)을 미납할 경우 적용되는 이율을 말하는데, 쉽게 이야기해서 중도해지할 경우 적용되는 이율입니다.

가입기간	탈퇴급여금
5년 미만	부담원금100%+부가금(이자)의 40%
5년 이상~10년 미만	부담원금100%+부가금(이자)의 50%
10년 이상~15년 미만	부담원금100%+부가금(이자)의 60%
15년 이상~20년 미만	부담원금100%+부가금(이자)의 70%
20년 이상	퇴직급여금 전액 지급

중도해지 이율을 살펴보면, 20년 이상을 납부해야만 약속된 금리를 적용받을 수 있습니다. 20년 이내 기간 중 중도해지를 한다면 시중 은행 금리보다 더 낮은 이율을 적용받게 되어 오히려 교직원공제회를 이용한 것이 손해가 되는 결과가 나옵니다.

그뿐만 아니라 탈퇴 후 재가입했을 경우, 가입기간이 다시 단축되어 20년 이상 납부해야 제대로 된 이자를 받을 수 있는 장기저축급여 상품을 더 기다리며 납부해야 합니다.

따라서 신규 선생님들은 중도해지하지 않을 정도로 월 납입액을 최소한으로 하되, 장기저축급여 가입과 동시에 부여되는 회원 자격으로 다양한 복지 서비스를 알차게 이용해 보는 것도 좋습니다.

또한 생애주기 이벤트가 있을 때마다 월 납입액 감좌를 통해 조절하는 방법도 있습니다. 대부분 월 납입액을 중간에 줄이면 복리 혜택에 문제가 생길 것이라고 생각합니다. 하지만 그렇지 않습니다. 왜냐하면 각각의 월 납입액에 대해서 금리가 적용되기 때문입니다.

예를 들어 이번 달에 3만 원을 입금하고, 다음 달에 30만 원으로 납입액을 늘려서 입금했을 경우, 각각 3만 원과 30만 원에 대해 이율이 적용되어 합산이 됩니다. 그리고 1년 동안 총 이자가 발생할 경우, 그 이자와 원금을 포함해 다음 해의 원금이 되는 복리 계산을 하기 때문에 납입액 감좌를 통한 손해는 발생하지 않습니다. 그러므로 감좌를 통해 월 납입액을 조절하는 방법도 활용해 볼 수 있겠습니다.

연차가 쌓일수록 월 납입액도 늘려 보자

생애주기 이벤트들이 끝나고 조금은 여유가 생기는 40~50대 시기가 온다면 월 납입액을 어떻게 해야 할까요? 이 시기에는 조금씩 월 납입액을 늘려 보는 것도 좋겠습니다. 목돈 소비 지출 기간이 어느 정도 마무리되고 생활에 여유가 생기면 곧 노후가 걱정되기 시작합니다. 퇴직 연도에 따라 연금 지급 연령 기준의 차이가 조금씩 있지만, 앞으로 만 61세에 퇴직하게 되어도 연금 개시가 바로 이루어지지 않는다는 것은 공통적인 사항입니다.

예를 들어, 2033년 이후 퇴직하게 될 경우, 연금은 65세부터 개시됩니다. 즉, 직장에서 은퇴하고 연금을 받을 때까지 안정된 소득이 없는 기간인 '소득 크레바스(Income Crevasse)*'가 생깁니다. 이 시기를 견딜 수 있는 다양한 노후 대비 상품이 있겠지만 장기저축급여 상품도 좋은 선택이 될 수 있습니다.

원래 장기저축급여 상품은 교직원의 퇴직 후 노후 생활자금 마련을 목적으로 높은 급여율(이자율)을 적용해 설계된 국내 최장기 저축 상품입니다. 시중 금융기관의 신탁, 보험, 펀드 상품 등에 보수, 사업비, 수수료 등을 부과하는 것과는 달리 일체의 비용을 부과하지 않아 실수령액 면에서 유리합니다.

물론 가입연도와 납입기간에 따라 이율이 조금씩 다르게 적용되지만, 노후 대비 상품으로서의 매력이 분명 존재하므로 생활에 여유가 생긴다면 추후 납입액을 늘리는 것도 좋겠습니다.

그렇다면 월 납입액을 얼마나 늘리면 좋을까요? 2016년부터 장기저축급여를 이용하고 있는 박○○ 선생님의 예를 통해 같이 살펴보겠습니다. 증감좌를 했을 경우 달라지는 퇴직급여 수

---

* 빙하 표면에 생긴 균열처럼 소득에 빈틈이 생기는 것을 의미합니다.

령액이 궁금할 경우에는 '교직원공제회 홈페이지-저축-장기저축급여-예상금액조회' 메뉴에서 '급여금 추정' 버튼을 누르면 확인해 볼 수 있습니다.

박 선생님은 2016년 8월부터 38개월 동안 300구좌씩(18만 원) 납입하다 생애주기 이벤트들이 있어 50구좌(3만 원)로 월 납입액을 감좌해 놓은 상태입니다. 40세가 되는 2023년에 월 납입액을 늘리려고 합니다. 최소금액 3만 원으로 유지할 때와 10만 원대에서 30만 원대까지 증좌를 할 때, 2044년 만 61세가 되는 해에 퇴직급여 예상액이 얼마나 달라지는지 표와 그래프로 살펴봅시다.

납입기간 (28년 5개월)	원금	부가금	세후지급액
50구좌(3만 원)로 유지한 경우	1,587만 원	1,627만 5,110원	3,214만 5,110원
40세에 200구좌 (12만 원)로 증좌한 경우	3,945만 원	2,910만 7,080원	6,855만 7,080원
40세에 400구좌 (24만 원)로 증좌한 경우	7,089만 원	4,621만 6,370원	1억 1,678만 1,030원
40세에 500구좌 (30만 원)로 증좌한 경우	8,661만 원	5,477만 1,020원	1억 4,071만 6,900원

Q3. 교직원공제회 장기저축급여는 얼마를 들어야 할까요?

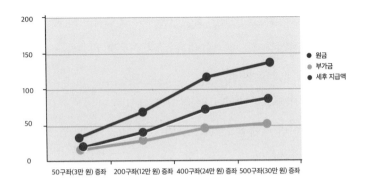

위 결과는 조회기준일 현재의 퇴직급여율(변동금리) 기준이
며, 급여율 조정 및 실제 납입 사항 변동 등으로 실제 수령액은
변동될 수 있습니다. 한 가지 분명한 사실은 복리 상품이므로 원
금이 크면 클수록 해가 지날수록 원금에 더해지는 부가금(이자)
역시 더욱 늘어나 복리의 마법 효과가 더 커진다는 점입니다. 증
좌를 했을 경우, 그 효과도 커지므로 자신의 경제 상황에 따라
표를 참고해 얼마씩 더 추가 납입하면 좋을지 계획해 볼 수 있습
니다.

더불어 교직원공제회 장기저축급여 상품은 증감좌가 홈페
이지와 콜센터, 내방 및 우편 접수 등 다양한 방법을 통해 수시로
가능하다는 장점이 있으니 월 납입액을 손쉽게 조절해 가면서
활용할 수 있습니다.

Q4. 부수입으로 파이프라인을 만든 사례가 있나요?

A: 강의와 콘텐츠 개발 활동을 함께 하는 붕어빵 선생님과 부동산 임대업을 하고 있는 달고나 선생님의 사례를 들어 교사들의 부수입에 대해 알아봅시다.

4차 산업혁명과 주 52시간 근무제 등 시대에 따른 근로 환경의 변화로 평생직장이라는 개념은 점점 없어지고 있습니다. 생계유지를 위한 본업 이외에도 경제적 자유, 또는 자아실현을 위해서 기꺼이 여러 일을 함께 병행하며 수입을 얻는 N잡러가 되려는 사람들이 많아졌습니다. 교사들도 마찬가지로 관심을 가지기 시작했습니다. 2022년 교사 커뮤니티 회원들을 대상으로 한 '선생님들의 월급 외 수입'에 대한 설문 조사 결과를 살펴볼까요?

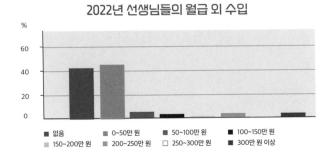

아쉽게도 월급 외 수입이 없다고 답한 선생님들이 42.3%였습니다. 다음으로 월 50만 원 이하 부수입 소득을 가지고 있다고 답한 선생님들이 44.6%로 가장 큰 비중을 보였습니다. 많은 비중을 차지하고 있지는 않으나, 월 100만 원 이상의 부수입을 가지고 있는 선생님들도 8.5%의 응답률을 보였습니다. 전반적으로 시간 소모 없이 자동 수익이 발생하는 파이프라인 구축에 대한 인식과 대비를 시작하고 있으며 점차 수익을 확대하는 방향으로 나아가고 있음을 알 수 있는 결과였습니다.

그렇다면 교사들이 얻을 수 있는 부수입에는 어떤 종류가 있을까요? 교직은 다른 직업군에 비해 겸직이 엄격히 금지되어 있어 N잡러가 되기에 다소 제한적인 면이 있습니다. 하지만 법적으로 문제없이 겸직 가능한 부수입 활동도 있습니다. 어떤 활동으로 겸직이 가능하고 불가능한지는 3부 '근무 외의 업무나 강의, 할 수 있나요?' 파트에서 자세히 확인할 수 있습니다.

실제로 이러한 부수입 활동을 활발하게 하고 계신 선생님의 사례를 들어 보겠습니다. 인터뷰를 통해 선생님의 부수입 활동 계기와 활동 내역을 자세히 알아볼까요? 대구에서 근무하면서 강의와 콘텐츠 개발 부수입 활동을 하고 계신 붕어빵 선생님의 사례를 살펴봅시다.

교육 콘텐츠 개발 파이프라인

Q. 현재 나이와 실경력, 호봉이 어떻게 되나요?

A. 나이는 39세, 실경력은 15년, 호봉은 25호봉입니다.

Q. 현재 어떤 부수입 활동을 하고 계시나요?

A. 교육과 관련된 강의, 콘텐츠 또는 프로그램을 개발하고 있습니다.

Q. 부수입을 가지게 된 배경에는 어떤 계기가 있었나요?

A. 새로운 교육 활동에 관심이 많아서 내키는 대로 교실 놀이, 그림책, 한 학기 한 권 읽기, 프로젝트 학습, 교실 경제 활동, 연극 등을 연수로 듣고, 교사 모임에도 참여하면서 연구하고 실천했습니다. 어느 순간부터는 네임드 선생님들이 좋은 습관이라고 강조하신 방법을 따라

인터넷상에 기록을 열심히 했습니다. 그러다 보니 저에게 강의 제안이 조금씩 들어오기 시작했습니다. 꾸준히 하다 보니 점점 더 일이 많아졌어요.

Q. 부수입이 월 얼마 정도 되나요? 월로 계산하기 어렵다면 횟수로 계산해 주셔도 됩니다.

A. 외부 요청에 따른 강의가 많기 때문에 고정적인 것은 아니지만 평균적으로 한 달에 70~90만 원 정도입니다.

Q. 부수입은 주로 어떻게 사용하시나요?

A. 원래 소비를 잘 하지 않는 성향이고, 학교 일, 강의, 원고 쓰기 등 일이 바쁘다 보니 대부분 다 모으고 있습니다. 주식도 꾸준히 사 모으고요.

Q. 부수입을 얻기 위해 어떤 노력을 하셨나요? 과정을 상세히 설명해 주실 수 있나요?

A. 장학사님, 연구사님, 그리고 각종 교육기관과 업체의 연수 담당자가 개설 희망 강의의 강사를 모집할 때 인터넷 검색을 가장 먼저 이용하고, 그것에 가장 많이 의존합니다. 그렇기 때문에 강의든 책이든, 다른 교육 프로그램 및 교구 개발에 참여하기 위해서든 인터넷상에 자신의 활동을 최대한 노출시켜야 된다고 생각합니다. 기본적으로 네이버 블로그 포스팅과 유튜브 영상 제작을 계속할 수 있어야 하고요. 오랫동안 꾸준히 해야 노출

되는 데이터의 양이 많아서 검색 시 필터링될 확률이 높습니다. 강사를 초빙하고자 하는 측에서도 꾸준히 활동하고 더 많은 콘텐츠를 노출한 사람이 신뢰를 얻는다고 생각하니까요.

자기만의 콘텐츠도 중요합니다. 아직 교육 경력이 길지 않으면 자신만의 콘텐츠를 찾기가 쉽지 않습니다. 그런 경우에는 다양한 분야에 관심을 갖고 교실에서 실천해 보는 것과 연구 모임에 참여해 다른 선생님들의 노하우를 배우는 것, 두 가지를 병행하면 도움이 됩니다.

Q. 선생님처럼 부수입을 꿈꾸는 후배 선생님들은 어떤 준비를 해야 할까요? 후배 선생님들에게 조언 부탁드리겠습니다.

A. 아직 어떤 분야로 뛰어들지 모르겠다 싶으면 문어발 식으로 이것저것 많이 해 보는 것을 추천합니다. 그렇게 하다 보면 내가 좋아서든지, 우리 반 학생들이 좋아해서든지, 다른 사람들이 관심을 가져 준다든지 해서 점점 몇 개의 분야로 초점이 맞춰질 것입니다.

그리고 무조건 나의 노력을 노출시켜야 합니다. 블로그든 카페든, 인스타나 페북, 유튜브도 좋습니다. 그렇게 하면 내가 잠들어 있거나 다른 것을 하고 있을 때도 콘텐츠들이 나를 홍보하고 있을 것입니다. 콘텐츠가 쌓이

Q4. 부수입으로 파이프라인을 만든 사례가 있나요?

면 쌓일수록 그 힘은 더 커질 것입니다.

부동산 임대업 파이프라인

이번에는 세종시에서 근무하는 달고나 선생님의 임대업 사례를
살펴봅시다.

Q. 현재 나이와 실경력, 호봉이 어떻게 되나요?

A. 나이는 57세, 실경력은 28년, 호봉은 37호봉입니다.

Q. 현재 어떤 부수입 활동을 하고 계시나요?

A. 세종시에서 상가 임대업을 하고 있습니다.

Q. 부수입을 가지게 된 배경에는 어떤 계기가 있었나요?

A. 교직생활을 조금 늦게 시작했고, 30~40대에는 아이
들 사교육비, 대학 등록비와 남편 사업비용으로 지출이
많았습니다. 거의 저축을 하지 못했고 퇴직 노후에 대한
대비도 없었습니다. 연금에 대한 믿음이 있긴 했지만, 더
안정적인 노후를 위해 투자를 결심했습니다.

Q. 부수입이 월 얼마 정도 되시나요? 월로 계산하기 어
렵다면 횟수로 계산해 주셔도 됩니다.

A. 현재 세종시에 자리 잡은 35평의 2층 상가로 월 250만
원 정도 됩니다.

Q. 부수입은 주로 어떻게 사용하시나요?

A. 주식이나 다른 부동산에 투자해 수익을 얻고 있습니다.

Q. 부수입을 얻기 위해 어떤 노력을 하셨나요? 과정을 상세히 설명해 줄 수 있을까요?

A. 상가에 대한 공부를 꾸준히 했습니다. 상가는 주거용 임대업과 다른 점이 많습니다. 상가 임대업을 위한 주변 상권 조사와 유동 인구에 대한 조사가 꼭 선행되어야 합니다. 부동산 관련해서 꾸준히 스터디를 했고, 일과 후와 주말, 방학을 이용해서 직접 발로 뛰며 좋은 상가의 위치와 접근성에 대해 공부했습니다. 좋은 건물, 좋은 상가를 볼 수 있는 안목을 기르기 위해 노력을 많이 했습니다.

Q. 선생님처럼 부수입을 꿈꾸는 후배 선생님들은 어떤 준비를 해야 할까요? 후배 선생님들에게 조언 부탁드리겠습니다.

A. 상가 투자는 양날의 검과 같습니다. 철저한 사전 조사와 꾸준한 관리가 함께 이루어지지 않으면 나중에 처리하기가 굉장히 어렵습니다. 저 같은 경우, 분양 상가에 들어갔는데, 아파트보다 먼저 분양이 되어 유동 인구에 대한 선행 조사가 이루어지지 못했습니다. 세종시 상가가 공실이 될 리는 없을 거라는 생

각으로 과감하게 투자했으나, 결과적으로 7년이나
공실이 되었습니다. 상가의 입지가 중심 상업지구인
지, 꾸준히 독립적인 상권이 유지되는 항아리 상권
인지 또는 인구 대비 상가가 너무 많지 않은지 꼼꼼히
따져서 수요 예측을 해야 합니다.

특히, 분양 상가는 기존 수요량이 아직 충족이 되지 않
고 미래의 수요량을 예측해서 들어가야 하기 때문에 더
조심히 살펴야 합니다. 내가 원하는 건물, 상가를 중심
으로 다양한 관점에서 충분히 공부한 다음에 실전 투자
로 실행하시길 추천드립니다.

Q5. 교사에게 유리한 대출, 무엇이 있을까요?

> A: 교사는 '공무원' 신분으로 공무원연금공단 대출을, '교사' 신분으로 교직원공제회 대출을 이용할 수 있습니다. 시중 은행에서 공무원 신용도를 바탕으로 한 공무원 신용대출도 받을 수 있습니다.

대한민국 하늘 아래 내 집은 어디에 있을까? 작고 소중한 월급을 차곡차곡 모아 언제쯤 내 집 마련을 할 수 있을지 막연한 걱정이 앞섭니다. 이럴 때 부동산 가격을 내 연봉으로 나누어 몇 년을 모아야 집을 살 수 있을지 알아보는 PIR*라는 주거비 부담 측정지표가 있습니다.

KB부동산 허브 통계 데이터(가구소득은 연소득 중위값, 주택 가격은 KB부동산 담보대출의 담보평가 중위값으로 함)에 의하면, 2023년 2분기 서울 PIR은 12.7, 경기 PIR은 10.3, 인천 PIR은 9.2입니다. 서울을 예로 살펴보면, 2023년 2분기 연 가구소득평균은 6,471만 원, 주택가격 평균은 8억 2,500만 원으로 8억 2,500만 원 ÷ 6,471만 원 = 12.7(PIR)이 나옵니다. 소득 6,471만 원을 한 푼도 쓰지 않고 12.7년을 모아야 8억 2,500만 원짜리 주택을 살 수 있다는 뜻입니다.

이번에는 교사 호봉으로 PIR지수를 계산해 볼까요? MZ세대 교사 연봉(15호봉)과 중간 연차 교사 연봉(27호봉)으로 계산해 보겠습니다. 15호봉 선생님의 연간 실수령액은 약 4,300만 원입니다. 8억 2,500만 원 ÷ 4,300만 원 = 19(PIR)이 나옵니다. 27호봉 선생님의 연간 실수령액은 약 6,300만 원입니다. 8억 2,500만 원 ÷ 6,300만 원 = 13(PIR)이 나옵니다. 안타깝지만 이 지수는 실제 월 소비 지출분을 반영하지 않은 것이기 때문에 내 집 마련을 위한 시간은 더 걸린다는 계산이 나옵니다.

순소득만으로 집 장만이 어렵다면 시중에서 자금을 융통하

---

*　'Price Income Ratio'의 약자로 소득 대비 주택가격의 비율을 의미합니다.

는 방법, 즉 금융을 이용하는 방법이 있습니다. '대출을 통해' 집을 마련하는 것인데, 이때 돈을 빌리고 내는 이자를 얼마나 부담할 것인가, 즉 이율이 중요합니다. 교직의 특성을 반영해 더 많은 금액을 더 저렴하게 대출받을 수 있는 곳이 있을까요?

첫 번째, 공무원 신분으로서 이용할 수 있는 공무원연금공단과 교사 신분으로서 이용할 수 있는 교직원공제회, 이 두 기관의 대출이 있습니다. 두 번째, 시중 은행에서 공무원 신용도를 바탕으로 공무원 신용대출을 받을 수 있습니다. 공무원 신용대출은 은행 내 다른 상품에 비해 비교적 낮은 이율로 제공되지만 시중 금리를 반영하며 은행마다 내용이 천차만별이기 때문에 대출 시점에 맞춰 해당 은행 홈페이지 및 방문 상담을 통해 자세한 내용을 확인해야 합니다.

공무원연금공단과 교직원공제회 대출의 큰 특징은 낮은 이율과 SGI 서울보증보험*을 활용한 대출금 한도 확대입니다. 두 기관에서는 SGI 서울보증보험(생활안정자금 보증보험) 가입을 통해 내가 넣은 연금 또는 저축액보다 더 많은 금액을 대출할 수 있습니다. 다소 생소하게 들릴 수 있는 '보증보험'이란 쉽게 말해 증권대출을 말합니다. 돈을 빌려줄 때는 돈을 빌리는 것에 대한

---

*   채무자인 보험계약자가 채권자인 피보험자에게 채무를 이행하지 않아 손해를 입힌 경우에 보험자(SGI 서울보증보험)가 그 손해를 약정한 계약에 따라 보상하는 특수한 형태의 보험 상품입니다.

담보를 설정합니다. (이 두 기관에서는 연금 또는 저축액이 담보 역할을 합니다.) 대출을 받다 보면 한도를 다 사용하게 되는데, 이때 보증보험 가입을 통해 증권대출을 해 대출 금액을 늘릴 수 있습니다.

SGI 서울보증보험 가입 절차

1. 서울보증보험 홈페이지에 교직원 회원번호 등록
2. 계약체결 동의
3. 보증가능금액 조회
4. 공동인증서 등록
5. 회원가입
6. 보험가입 전자증명

보증보험 이용 시에는 유사기관(연금공단, 교직원공제회, 교원공제회 등)에서 이미 받은 대출금을 포함해 신용구간점수에 따라 보증보험 한도를 적용받습니다. 또한, 개인 신용평가점수(신용도)를 기준으로 대출 금액을 계산하기 때문에 일반 은행 대출과 함께 이용하게 될 경우, 순서상 먼저 이용하는 것이 좋습니다.

시중 은행 대출을 먼저 이용하게 되면, 대출로 인해 신용평가점수가 낮아져 서울보증보험 이용 시 낮은 구간의 대출금을 적용받을 수 있습니다. 저이율로 더 많은 금액을 대출받고자 한다면 '공무원연금공단 또는 교직원공제회' → '일반 시중 은행' 순으로 신청해 보세요. 마지막으로 조기상환 시 대출상환 사실확인서를 보증보험에 보내면 보증보험료를 환급받을 수 있으니 잊지 말고 확인해야 합니다.

　이 두 기관 대출에는 대출금을 미리 갚을 경우 부담해야 하는 중도상환 수수료가 없으며, 거치 기간도 여유 있게 설정이 가능해 일반 시중 은행 대출에 비해 장점이 많습니다. 공무원연금공단과 교직원공제회의 다양한 대출 상품을 비교, 검토해 나에게 가장 적합한 상품을 찾아보면 어떨까요?

공무원연금공단

종류		내용
연금대출	일반대출	• 예상퇴직급여 1/2범위 내에서 2,000만 원까지 지원(2023년 1분기 기준) (단기재직자는 보증보험 가입 시 2,000만 원까지 가능)
	주택자금대출	• 주택구입·주택임차 시 대출 • 주택구입: 전용 85㎡ 이하 주택 분양 또는 매입하는 2년 이상 무주택 공무원(배우자 포함) • 주택임대: 주택을 임차하는 무주택 공무원(배우자 포함) • 최대 6,000만 원까지 대출 지원(2023년 1분기 기준)
	사회정책적대출	• 대상: 미취학자녀·3자녀 양육·신혼부부·장애인 및 장애인 가족 부양·육아휴직·질병휴직·한부모가족·공무상요양·양자입양 • 최대 3,000만 원까지 지원(2023년 1분기 기준)
금융기관알선대출		• 대출한도: 퇴직급여 예상액 1/2 범위 내 최고 5,000만 원까지 • 상환: 원리금 3, 5, 10년 균분상환 또는 3, 5년 내 일시상환 • 금융기관 알선대출은 공무원 연금기금과 상관없이 해당은행 자금으로 대출이 이루어지므로 한도 계산 시 연금대출과 별도로 계산

Q5. 교사에게 유리한 대출, 무엇이 있을까요?

공무원연금공단(https://www.geps.or.kr)에서는 공무원연금기금을 비롯해 국가·지방자치단체 부담금, 시중은행 자료 등을 활용해 공무원 및 그 가족의 생활안정 지원을 위해 다양한 융자사업을 실시하고 있습니다. 주택 자금으로 사용할 수 있는 대출은 연금대출, 금융기관 알선대출이 있습니다.

공무원연금공단에서 나의 퇴직급여 예상액을 약 4,000만 원(10년 차), 신용평점을 가장 좋은 1~2구간이라고 가정하고 주택 마련을 위한 자금을 빌려 보겠습니다.

우선, 퇴직급여 예상액의 2분의 1인 2,000만 원 내에서 일반대출, 주택자금대출, 사회정책대출(종류는 다르나, 주택자금으로 모두 사용 가능한 대출임) 중 나에게 맞는 대출 종류를 선택합니다. 일반대출은 최대 2,000만 원(5.34%, 2023년 1분기 기준 변동금리)이고, 주택자금대출은 최대 6,000만 원(5.34%, 2023년에 7,000만 원에서 6,000만 원으로 하향조정됨), 사회정책대출은 최대 3,000만 원(4.34%)까지 신청 가능합니다.

최대 금액 한도와 이율(3개월마다 변동금리 적용)을 확인해서 선택하는데, 연 1회 한 종류만 선택 가능합니다. 금리는 '연금공단 홈페이지-알림과 소통-공지사항'에서 1, 4, 7, 10월 직전 월마지막 주에 확인할 수 있습니다. 분기별로 재원 소진 시까지 신청이 가능하니 최대한 빨리 신청해야 합니다.

	퇴직급여액이 큰 편이면	→	한도가 큰 '주택자금대출' 선택
1	퇴직급여 예상액의 1/2이 3,000만 원 이하이며 사회정책대출 조건에 해당한다면	→	이율이 1% 더 낮은 '사회정책대출' 선택
2	기존 대출이 없고, 신용평점이 가장 좋은 1~2구간일 경우	→	'SGI 서울보증보험'을 통해 최대 7,000만 원 추가 대출
3	연금대출 외에 추가 대출을 더 받고자 한다면	→	'금융기관 알선 대출'을 통해 추가 대출

> 2,000만 원(4.34%, 사회정책대출)+
> 7,000만 원(4.34%, 보증보험대출)+α(금융기관 알선대출)

이때, 보증보험료가 7,000만 원에서 퇴직급여의 2분의 1을 뺀 나머지 금액에 대해 계산이 되니 개인별 보증보험료에 대한 문의는 보증보험사에 꼭 해 보아야 합니다. 금융기관 알선대출에서 퇴직급여 2분의 1 이내 최대 5,000만 원까지 융자를 받을 수 있다고 명시되어 있지만, 이는 각 시중 은행 상황에 따라 가능 여부가 다르므로 해당 은행에 직접 문의해 보아야 합니다.

교직원공제회

교직원공제회(www.ktcu.or.kr)에서는 회원의 부담금 수입 및 자산운용 수익으로 회원의 생활안정 및 복리후생 증진을 위해 다양한 대여 사업을 하고 있습니다.

Q5. 교사에게 유리한 대출, 무엇이 있을까요?

종류		내용
일반대여		• 단독대여: 장기저축급여 퇴직가정급여금 한도 내 대여 (휴직자는 단독대여만 가능) • 보증대여: 단독대여 한도를 초과하는 금액에 대해 보증보험에 가입해야만 가능 • 퇴직(탈퇴)가정급여금+신용구간에 따른 보증보험 대출액 최고 7,000만 원~1억 원 또는 최고 3,000만 원 지원
The -K 복지 누리 대여	희망누리 출산대여	• 자녀 1인당 1회 이용 가능(출산, 입양 3년 이내) • 단독대여와 보증대여 모두 가능 • 최대 1,000만 원까지 지원
	든든누리 주택대여	• 연소득 5,000만 원 이하인 경우(1인 1회) 이용 가능 • 본인 또는 배우자가 구입 또는 임차한 주택의 잔금 납부 전후 3개월 이내 신청 가능 • 단독대여와 보증대여 모두 가능 • 최대 3,000만 원까지 대출 지원 • 대상 주택 금액: 주택구입 시 매매가 6억 원 이하 주택, 임차 계약 시 보증금 4억 5,000만 원 이하 주택

주택 자금으로 사용할 수 있는 대출은 일반대여, The-K 복지누리대여 중 희망누리 출산대여(휴직 중일 경우), 든든누리 주택대여(연소득 5,000만 원 이하일 경우)가 있습니다.(The-K 복지누리대여 중 미소누리 최초 대여는 2023년 2월 1일자로 신규이용이 중단되었습니다.)

이번에는 교직원공제회에서 나의 장기저축급여금액이 4,000만 원(2021년 9월 1일 이후 가입자)이고, 신용평점을 가장 좋은 1~2구간이라고 가정하고 주택 자금을 빌려 보겠습니다.

교직원공제회에서는 장기저축급여 금액 한도 내에서 대출이 가능하며, 한도 초과분에 대해서는 보증보험에 가입해서 최대 7,000만 원까지(2021년 8월 31일 이전 가입자는 최대 1억 원) 대출이 가능합니다. 공무원연금공단과 교직원공제회 보증보험사는 SGI 서울보증보험으로 같은 회사이나, 각 기관별 신용평가 기준이 다르므로 각 기관에 연결된 보증보험사 지점으로 나의 신용평점을 확인해 보아야 합니다.

연중 1회 한 종류 대출만 신청이 가능한 연금공단과 다르게 교직원공제회에서는 저축액과 보증보험 대출액 한도 내에서 여러 대여 상품을 함께 신청할 수 있습니다.

1	연소득 5,000만 원 이하라는 조건을 갖춘다면	→	'든든누리 주택대여+ 보증보험대여' 선택
2	연소득 5,000만 원을 초과하거나 더 많은 금액을 대출받고자 한다면	→	'일반대여' 선택해 추가 대출

연소득 5,000만 원 이하	3,000만 원(4.20%, 든든누리 주택대여)+ 1,000만 원(4.99%, 일반 대여)+ 7,000만 원(4.99% 일반대여 내 보증보험대여)
연소득 5,000만 원 초과 또는 추가 대출할 때	4,000만 원(4.99%, 일반대여)+ 7,000만 원(4.99%, 일반대여 내 보증보험대여)

일반대여(4.99%, 2023년 1월 1일 기준)는 저축액+최대 7,000만

원~1억 원이며, The-K복지누리 대여 중 희망누리 출산대여(육아 휴직자)는 최대 1,000만 원(4.20%), 든든누리 주택대여(연소득 5,000만 원 이하인 자)는 최대 3,000만 원(4.20%)까지 신청 가능합니다.

이율이 더 낮아 최대 대출 금액이 정해져 있는 The-K복지누리 중에서 내가 해당하는 조건이 있다면, 그중 대출한도가 큰 대여 상품을 먼저 이용하고 그 다음 일반대여를 이용하는 방법을 추천합니다.

Q6. 경제적 자유와 조기 은퇴,
가능할까요?

A: 하이 리스크 하이 리턴(High Risk High Return)이라는 말처럼 빨리 경제적 자유를 얻기 위해서는 위험한 투자를 할 수밖에 없습니다. 하지만 은퇴 시기를 늦추고 투자 수익률을 낮추면 충분히 경제적 자유를 누릴 수 있습니다.

MZ세대 선생님들의 재무 상담 과정에서 가장 많이 접하는 단어 중 하나는 '경제적 자유'입니다. 그만큼 조기 은퇴를 강하게 바란다는 의미일 것입니다. MZ세대 선생님들뿐만 아니라 많은 선생님들이 재산을 늘려 조기에 은퇴하고 삶을 즐기고 싶을 것입니다.

한편으로는 교사로서 일하는 것이 얼마나 힘든지를 보여 주는 단면이 아닌가 싶어 씁쓸하기도 합니다. 학생 지도뿐만 아니라 학부모의 민원 등으로 인해 점점 교사들이 겪는 어려움과 스트레스가 커지고 있기 때문일 것입니다.

하지만 다들 아시다시피 은퇴라는 것은 단순히 감정만으로 선택할 수 있는 것은 아닙니다. 조기 은퇴를 위해서는 얼마 정도의 돈이 필요한지, 어떻게 해야 그 돈을 모을 수 있는지에 대해 이야기해 보겠습니다.

조기 은퇴에 필요한 돈은 얼마일까?

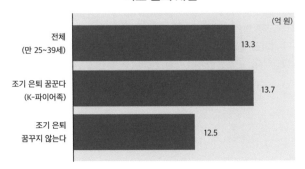

목표 은퇴 자산

NH투자증권 100세시대연구소 MZ세대 설문조사
(2021년 3월, 만 25~39세 대상. 조사참여인원 2,536명)

위의 설문조사 결과를 살펴보면 전체 대상 중 조기 은퇴를 꿈꾸는 MZ세대(K-FIRE족)는 65.9%로 나타났습니다. 그리고 K-FIRE족의 희망 은퇴 시기는 50세(35%), 55세(17%) 순으로 높았습니다. 반 이상이 50~55세 은퇴를 희망한 것입니다. 더불어 은퇴를 위한 필요 자산은 평균 13억 7,000만 원으로 조사되었습니다.

이 돈은 부동산 자산, 대출 등을 제외한 자산으로, 오로지 여생 동안 자신과 가족들의 소비를 위해 쓰는 돈일 것입니다. 이 돈을 월로 환산해 계산하면, 50~55세에 은퇴해 80~85세까지 산다고 가정했을 때, '(13억 7,000만원 ÷ 30년) ÷ 12개월 = 약 380만 원'이 됩니다. 다시 말해 매월 380만 원씩 죽을 때까지 쓸 수 있는 돈인 것입니다.

이는 국민연금공단에서 발표한 적정노후생활비 월 268만 원(부부 기준, 2019년)에 비해 훨씬 높은 수준으로, 여유로운 노후 생활을 영위하기에 부족하지 않은 금액입니다. 이 돈을 어떻게 하면 모을 수 있을까요?

노후 자금 13억 7,000만 원을 모으려면?

앞서도 얘기한 것처럼 13억 7,000만 원은 오직 나와 가족들의 소비 생활에만 사용될 돈이기 때문에 부동산을 제외한 자산입니다. 다시 말해 만 50세 조기 은퇴를 위해서는 13억 7,000만 원 외에도 대출상환이 완료된 부동산 자산이 별도로 있어야 한다는 것입니다.

얼마만큼 투자 성과가 좋아야 50세에 경제적 자유를 누릴 수 있는지 계산하기 위해 가정을 해 보겠습니다. 경기도에 거주 중인 선생님으로 30세에 결혼한 부부교사입니다. 두 사람은 임금의 50%를 모을 만큼 알뜰합니다. 결혼 2년 후 아이 하나를 낳고, 30대 후반에 경기도 주요 지역의 국민평형 10억대 부동산을 구입합니다. 50세에 얼마만큼의 자산을 모았을까요?

매년 연복리로 5% 투자 수익률을 거두는 경우 다음 그래프에 나와 있는 것처럼 50세에 1억 7,000만 원가량 모을 수 있습니다. 조기 은퇴를 위해서는 턱없이 부족하네요.

투자 수익률이 10%이면 어떨까요? 5%일 때와는 확연히 다른 그래프를 볼 수 있습니다. 하지만 6억 정도로, 여전히 은퇴를 위해서는 부족합니다.

투자 수익률을 조금씩 높이다 보면 14%가 되었을 때 은퇴를 위해 희망했던 13억 7,000만 원을 넘어서는 모습을 보입니다. 투자 수익률 10%와는 불과 4% 정도 차이 나는 것 같지만 결과는 확연히 다릅니다

다들 아시는 것처럼 전 세계에서 가장 돈을 많이 번 투자자 중 한 명은 워런 버핏입니다. 워런 버핏은 1960년대부터 지금까

투자 수익률 5%

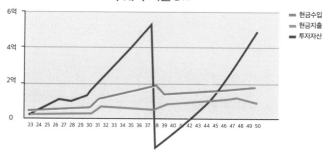

투자 수익률 10%

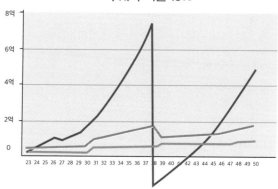

투자 수익률 14%

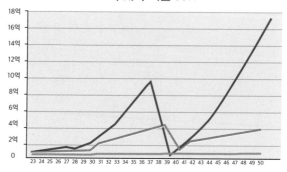

Q6. 경제적 자유와 조기 은퇴, 가능할까요?

지 약 20%의 연복리 투자 수익률로 전설적인 투자자가 되었습니다. 투자 수익률 자체도 대단하지만 그 긴 기간 동안 꾸준하게 투자 수익을 거둔 것이 정말 대단합니다. 잊지 마십시오! 워런 버핏은 세계 최고의 투자자입니다. 이는 워런 버핏 외 몇몇에게만 허락된 투자 성과입니다.

투자 전문가들에게도 25년 이상 연복리 14% 투자 수익률을 거두는 것은 정말 어려운 일입니다. 하물며 아마추어 투자자가 그런 성과를 거두는 것은 사실 불가능에 가깝습니다. 이는 마치 축구 동호회 소속 아마추어 축구 선수에게 뛰어난 프로 축구 선수의 기량을 기대하는 것과 같습니다.

하지만 현실적으로 25년 넘게 7% 중반의 수익률을 거두는 것은 충분히 가능합니다. 만약 장기간 S&P 500* 지수에 투자를 했다면 다음과 같이 복리로 수익을 얻었을 것입니다.

	지난 5년 연평균 수익률	지난 10년 연평균 수익률	지난 15년 연평균 수익률	지난 20년 연평균 수익률	지난 25년 연평균 수익률
2022년 기준	9.42%	12.56%	8.81%	9.80%	7.64%

출처: 위키윈드(https://www.wikiwand.com/en/S&P_500)

---

* 미국 주식시장에 상장된 500개 대형기업의 주가를 하나의 지수로 나타낸 것을 말합니다.

2022년에 기록적인 시장 하락이 있었음에도 불구하고 지난 25년간 연평균 7.64%로 투자 수익률을 보입니다. 실제 이 수익률은 1994년부터 지금까지 모든 해의 지난 25년간 연평균 수익률 중 가장 낮은 수치입니다. 하지만 낮은 수익률임에도 불구하고 그 힘은 시간이 지나면 지날수록 엄청납니다. 아래에서 보시는 바와 같이 정년인 만 61세까지 꾸준히 7.64%의 수익을 거두게 되면 은퇴 시 순수하게 사용할 수 있는 현금이 24억가량 생기게 되는 것입니다.

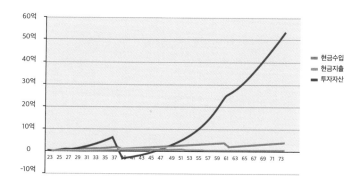

은퇴한 이후에도 투자 원금을 빼지 않고 그대로 투자한다면 매년 1억 8,000만 원가량의 투자 수익이 생겨 아주 풍요로운 노후 생활을 누릴 수 있을 것입니다.

만약 부모님께 많은 재산을 물려받은 경우라면 경제적 자유가 조금 더 빠를지도 모르겠습니다. 하지만 그런 경우가 아니라면 경제적 자유를 위해 고위험이 뒤따르는 고수익을 좇기보다는 교직에 만족할 수 있는 방법을 찾고 오랫동안 안정된 투자를 지속해 복리 효과를 충분히 누림으로써 풍요로운 노후를 만끽하는 것이 낫지 않을까 싶습니다.

Q7. 투자 공부에 도움이 되는 채널이나 도서를 추천해 주세요

A: 2022년 교사 커뮤니티 회원들을 대상으로 한 설문조사 중 '내가 추천하고 싶은 경제 유튜브 채널과 추천 도서' 결과를 살펴봅시다.

재무 상담을 하는 선생님들의 공통 질문 중에서 빠지지 않는 것이 투자에 대한 공부 방법입니다. 투자는 '무엇'을 '어떻게' 공부해야 하는지, 정보의 망망대해 속에서 신뢰할 수 있는 투자 공부 채널과 추천 도서는 무엇인지 알아볼까요?

유튜브 채널

경제 전반 | 선생님들의 원픽!

삼프로TV_경제의 신과 함께 (https://www.youtube.com/c/삼프로TV)

압도적 1위 경제 콘텐츠!
경제 전문가들과 함께하는
시간대별 라이브 방송이 특징!

구독자 수	215만 명	콘텐츠 수	9,651개
주요 콘텐츠	김프로의 미스터마켓, 주주동기, 삼프로가 만난 거래소 사람들, 통상이 뭐니? 딥 인사이트, 녹색금융이 뭐니? 투자 with the STAR, 같이하는 가치 투자 등 68가지 주제를 담은 콘텐츠		
한 줄 평	객관적이고 다양한 시각의 전문가를 초청해 유익한 강의를 들을 수 있는 곳이다. (by 이니스프리 선크림 선생님)		

경제 전반 | 저자의 원픽!

월급쟁이 부자들 TV (https://www.youtube.com/c/월급쟁이부자들TV)

흙수저 출신 자수성가
부자들의 재테크 방법 공유!
네이버 카페와 강의 사이트가
연계되어 커뮤니티 활동 가능!

구독자 수	76만 9,000명	콘텐츠 수	983개
주요 콘텐츠	월부 팩트체크, 알쓸청약, 구해줘 월부(실시간 부동산 상담), 고수 초대(부동산, 주식 재테크, 자기계발 파이어족), 월Pick(월이슈), 재테크 초보 추천 도서, 월급쟁이 10억 달성기 등		
한 줄 평	우리 같은 월급쟁이들이 어디서부터 어떻게 재테크를 시작해야 할지 모르겠다 싶으면 이 채널 하나만 봐도 해결된다.		

부동산 읽어 주는 남자 (https://www.youtube.com/c/부동산읽어주는남자)

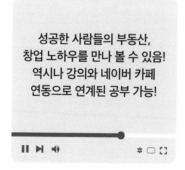

부동산 재테크를 통해 직장을
탈출할 수 있는 방법 제시!
강의 사이트와 카페가 연동되어
실전 투자 공부 가능!

구독자 수	99만 3,000명	콘텐츠 수	989개
주요 콘텐츠	부동산 투자 전망, 정책 해설, 이슈 분석, 부자가 되는 마인드세팅, 부읽남의 인터뷰, 재테크 고민상담, 대결남(대신 결정하는 남자), 상남자들(상담하는 남자들) 등		
한 줄 평	생활 속 부동산 지혜를 사연과 함께 풀어 주어 이해하기 쉽다. (by 꽁지 선생님)		

행크TV
(https://www.youtube.com/channel/UCz4CFx4eeELZNReE_Wyit4g)

성공한 사람들의 부동산,
창업 노하우를 만나 볼 수 있음!
역시나 강의와 네이버 카페
연동으로 연계된 공부 가능!

구독자 수	45만 2,000명	콘텐츠 수	354개
주요 콘텐츠	송사무장show, 송사무장의 인생상담, 머니플레이스, 집 사고 싶어요, 고수의 장바구니, 행크 초대석, 부자되는 무료특강 등		
한 줄 평	단순히 내 집 마련이 아닌 창업으로서 접근하는 부동산 투자가 이렇게나 다양할 수 있구나! 보는 관점이 달라진다.		

Q7. 투자 공부에 도움이 되는 채널이나 도서를 추천해 주세요

주식 | 선생님들의 원픽!

소수몽키 (https://www.youtube.com/c/소수몽키)

<table>
<tr>
<td rowspan="3">

상위 1% 소수가 되고 싶은
몽키 유튜버의 미국 주식 이야기
미국 주식 투자를 시작하고
싶다면 구독 필수!

</td>
<td>구독자 수</td>
<td>53만
6,000명</td>
<td>콘텐츠 수</td>
<td>606개</td>
</tr>
<tr>
<td>주요
콘텐츠</td>
<td colspan="3">소몽의 꿀단지, 소몽의 외출, 소몽 초대석, 동기부여&실천, 생존 재테크 이야기, 거인의 어깨 올라타기, 소몽의 매매전략, 배당 하이에나 전략, 소몽의 배당받는 삶 등</td>
</tr>
<tr>
<td>한 줄 평</td>
<td colspan="3">미국 주식, 경제 관련 영상 등 짧고 핵심이 잘 들어가 있어 출근 준비할 때 하나씩 보기 좋다.(by 미쁨샘 선생님)</td>
</tr>
</table>

주식 | 저자의 원픽!

기릿의 주식노트

(https://www.youtube.com/channel/UCw8pcmyPWGSik7bjJpeINIA)

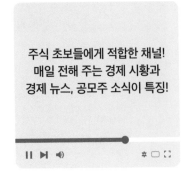

<table>
<tr>
<td rowspan="3">

주식 초보들에게 적합한 채널!
매일 전해 주는 경제 시황과
경제 뉴스, 공모주 소식이 특징!

</td>
<td>구독자 수</td>
<td>39만
4,000명</td>
<td>콘텐츠 수</td>
<td>1,778개</td>
</tr>
<tr>
<td>주요
콘텐츠</td>
<td colspan="3">기업 사용 설명서, 많고 많은 주식 이야기, 주린이를 위한 영상들, 기릿의 주식노트, 점심 1분 시황, 공모주는 기릿과 등</td>
</tr>
<tr>
<td>한 줄 평</td>
<td colspan="3">경제 뉴스를 현란한 딕션과 함께 랩처럼 듣다 보면 나도 모르게 매일 빠져든다!</td>
</tr>
</table>

추천 도서

경제 전반 | 선생님들의 원픽!

『부자 아빠 가난한 아빠』 로버트 기요사키

출간일	2018년 2월 22일(20주년 특별 기념판), 민음인
책소개	부자 아빠와 가난한 아빠의 모습을 비교해 돈에 대한 통념을 깨는 부자들의 사고방식을 보여 준다.
한 줄 평	투자와 자본주의의 바이블(by Fed 선생님) 역시 명작은 이유가 있다.(by 돼지갈비 선생님) 자본소득의 중요성이 신선한 충격으로 다가온다.(by 그린샘 선생님)

경제 전반 | 저자의 원픽!

『인플레이션에서 살아남기』 오건영

출간일	2022년 5월 23일, 페이지2
책소개	40년 만에 찾아온 인플레 역습에 어떻게 대비할 것인가. 거시 경제 전문가가 친절히 설명해 준다.
한 줄 평	어려운 경제 이야기에 귀여운 만화라니, 이보다 더 쉽게 거시 경제를 이해할 수 없다.

부동산 | 선생님들의 원픽!

『나는 1,000만 원으로 아파트 산다』 시크릿브라더

출간일	2021년 10월 27일, 황금부엉이
책소개	초보 투자자들에게 데이터 분석을 통해 저평가된 지역을 찾아 투자하는 방법을 안내한다.
한 줄 평	다양한 프로그램을 활용한 부동산 매물 탐색 루틴을 만들 수 있고 객관적 판단을 가능하게 한다.(by NVIDIA 선생님)

Q7. 투자 공부에 도움이 되는 채널이나 도서를 추천해 주세요

『대한민국 재건축 재개발 지도』 정지영

출간일	2021년 8월 25일, 다산북스
책소개	청약이 아니어도 새집으로 갈 수 있는 재건축 재개발에 대해 단계별 접근부터 지역별 상황까지 알려 준다.
한 줄 평	부동산 관련 기본 개념을 찬찬히 풀어 주며, 막연히 어렵게만 느껴지는 재개발, 재건축에 대한 기본 배경지식을 쌓게 해 준다.(by 자스민티 선생님)

『부동산 대출의 기술』 주지현

출간일	2022년 9월 30일, 매일경제신문사
책소개	내 집 마련과 자산 증식을 위해 어떻게 대출을 활용해야 하는지 초등교사가 쓴 책이다.
한 줄 평	부동산 매매에 필수적인 대출, 선배 교사가 직접 쓴 실제적인 대출 실행서를 보며 차근차근 함께 해 보자.

『거인의 포트폴리오』 강환국

출간일	2021년 11월 11일, 페이지2
책소개	변동성이 큰 투자 세계에서 잃지 않는 투자를 위한 자산 배분 전략들을 소개한다.
한 줄 평	통계에 따라 누구나 수익 확률을 높일 수 있는 방법을 제시한다.(by 로운 선생님)

주식 | 선생님들의 원픽!

『투자에 대한 생각』 하워드 막스

출간일	2012년 9월 21일, 비즈니스맵
책소개	가장 신뢰받는 투자 철학자 하워드 막스가 전하는 투자에 대한 짧지만 깊은 통찰을 담은 책이다.
한 줄 평	하락장에서 한 권만 딱 골라서 보라고 하면 뽑을 책(by 다락용 선생님)

주식 | 저자의 원픽!

『재무제표 모르면 주식투자 절대로 하지 마라』 사경인

출간일	2020년 1월 10일(최신 개정판), 베가북스
책소개	기업 경영 구조를 이해하고 안전한 투자를 하기 위해 필요한 재무제표 분석 방법을 안내한다.
한 줄 평	주식시장에 뛰어들기 전, 아무리 마음이 급해도 주식 투자의 기본은 알고 가야 한다.

Q7. 투자 공부에 도움이 되는 채널이나 도서를 추천해 주세요

Q8. 단체 실손보험 vs 개인 실손보험

A: 단체 실손보험은 가격이 저렴하다는 가장 큰 장점을 비롯해 단체보험만의 유리한 점들이 있으나, 개인에 따라서는 보장 범위가 충분하지 않을 수 있습니다. 개인 실손보험을 따로 가지고 있다면 잘 살펴보고 나에게 맞는 합리적인 보험, 내가 유지할 수 있는 보험을 선택하면 좋습니다. 퇴직 이후의 보험 가입에 대해서도 살펴보세요.

"선생님, 단체보험 선택하세요! 행정실 ○○○ 주무관"이라는 메시지가 울립니다. 첨부된 파일을 열어 보며 미루어 두었던 고민을 다시 꺼냅니다. '내년에 크게 아플 일 없겠지. 몰라! 제일 싼 것 선택.' 일단 할 일 하나를 마치고 넘어갔지만 찝찝함은 여전히 남아 있습니다. 지금이야 단체보험을 넣고 있지만, 최근에 미래를 대비해서 실비보험을 비롯한 다른 보험들도 새로 세팅했다는 친구들의 말이 떠올랐습니다. '나도 뭐라도 더 해야 되는 것 아니야?' 포털 사이트에 검색을 해 보기 무섭게 광고들이 수두룩하게 보입니다. '에잇, 머리 아파. 나중에 누가 좋은 것 가입했다고 하면 물어나 봐야지.' 그렇게 오늘도 이 고민을 덮어 두었습니다.

단체 실손보험과 개인 실손보험, 어떤 것을 선택해 유지하면 좋을까요? 정답은 개인의 상황에 맞춰 현명한 보험 선택을 해야 된다는 것입니다. 그렇다면 무엇이 현명한 선택이 될지 함께 고민해 봅시다.

보장받을 확률이 높은 보험부터 준비하자

현명한 보험 선택은 어떻게 하는 것일까요? 정답은 내가 혜택을 받을 수 있는 확률이 가장 높은 보험부터 들어 두는 것입니다. 미래를 예측할 수 있어서 어떤 병을 앓게 되는지 알 수 있다면 가장 좋겠지요. 그러나 그것을 알 수 없기에 보험을 통해 대비를 해 두게 됩니다. 보험에 가입할 때 혹시 모를 미래의 불행한 사태를 대비해 다양한 특약을 넣으면 좋겠지만 그만큼 보험료는 올라갑니다. 그러므로 어떤 보험이든 보장받을 확률이 높은 것부터 준비하는 것이 합리적입니다. 보장받을 확률이 높다고 알려진 것 중 첫 번째는 치료비를 받는 실손의료비보험*입니다. 실손의료비보험을 기본으로 하면서 수술비나 진단비 등 다른 것들도 설정하는 것이 좋습니다.

합리적인 보험 선택 팁

실손의료비	실제로 부담한 의료비를 보상해 주는 보험
3대 질병 진단비	• 암(유사암을 제외하고 일반암에 포함되는 종류를 알아보고 선택하기) • 뇌와 심장 질환(뇌혈관, 허혈성심장, 특정심혈관 특약)
만기환급형보다는 순수보장형, 갱신형보다는 비갱신형	

이렇게 세 가지가 기본적으로 많이 하는 구성이지만 각자 필요에 따라서 사망이나 후유장애 등 특약을 추가할 수 있습니다. 이때 조금이라도 보험료를 줄이는 것이 목적이라면 비효율적인 특약을 설정하지 않게 주의하는 것이 중요합니다. 비효율적인 특약은 보장 대비 비싸서 가성비가 떨어지는 특약이나 중복 보장되는 부분이 있는 것을 말합니다.

이전에 가입한 보험이 여러 가지인데, 이를 계속 유지하는 것이 합리적인지 고민이 되는 분들도 계실 것입니다. 이런 경우

---

* 실비보험, 실비의료보험, 실손보험, 개인 의료비보장보험은 모두 같은 말입니다.

에는 '보험 리모델링'을 해서 내가 가입한 보험을 나에게 맞게 조율하는 과정을 거치면 어느 정도 해결할 수 있습니다. 매달 내는 보험료가 부담스러울 때나 기존의 보장이 부족할 때 보험 리모델링은 현명한 해결 방법이 됩니다. 하지만 보험료를 낮추기 위해서 무조건 설정된 특약들을 해지하는 것만이 최선이라고 볼 수는 없습니다. 가입한 시기나 납입기간, 상품 유형을 고려해서 유지하는 방향이 합리적이라면 그대로 두는 것도 좋습니다.

가장 중요한 점은 충분히 내가 납입할 수 있는 금액으로 설정해서 보험을 유지하는 것입니다. 보험은 나에게 맞춤으로 설계하는 것인데 필요하지도 않은 특약을 넣어서 보험료가 높아지지 않도록 해야 합니다. 돈이 없을수록 돈을 모아야 하는 것이 우선이 되어야 하고, 납입 여력에 맞지 않게 설정된 무리한 보험료는 결국 보험 자체를 포기하게 되는 원인이 됩니다. 그러면 아무런 소용이 없겠지요.

개인 실손보험을 계속 유지할지 고민이 들 때

실손보험을 가지고 계신 한 선생님은 올해 보험료가 인상된다고 해서 문득 매달 지출하게 되는 보험료가 부담으로 느껴졌습니다. 그래서 단체보험에 가입하며 기존의 것을 해지해야겠다고 생각했습니다. 그런데 이를 지켜보던 다른 선생님이 펄쩍 뛰며 말렸지요. 이전에 가입한 실손보험의 혜택이 매우 좋은 것이라면서요. 그렇지만 높은 보험료를 감당하면서 이전에 가입한 보험을 유지해야 될지 고민이 듭니다.

혹시 실손보험에 1세대, 2세대, 3세대, 4세대라는 말이 붙은 것을 들어 보셨나요? 실손보험은 시간이 지나며 새로운 세대의 실손보험으로 탄생하고 있습니다. 이렇게 된 배경이 있습니다. 우스갯소리로 보험금을 청구하는 10%의 사람들이 90%의 보험금을 받았다고 할 만큼, 일부 사람들이 많은 보험료를 청구한 것이죠. 그러자 기존 금액으로는 한계에 이르렀고 보험금이 올라갈 수밖에 없었습니다. 대다수의 사람들이 높은 보험료라는 피해를 받게 되었고 다음 세대의 새로운 실손보험이 만들어진 것입니다.

지금의 실손보험은 보험료가 저렴한 것이 특징입니다. 대신에 자기부담금이 높습니다. 예전 세대의 것은 자기부담금이 낮았기 때문에 혜택이 좋다는 말이 나온 것이죠. 그러나 막상 본인이 아니면 고액의 보험금을 매달 내는 고통을 헤아리기 어렵습니다. 보험을 가입한 사람 중에 자신이 낸 보험료 중에 얼마를 돌려받았는지 살펴보면 납입한 금액에 비해 너무나 적은 금액을 수령하는 경우들이 있습니다. 물론 이전의 실비보험을 유지하며 혜택을 최대한 활용한다면 좋은 선택이 될 수 있겠지만, 크게 해당 사항이 없다면 단체보험이나 최근 나온 개인 실손보험이라는 선택지로 갈아타는 것이 합리적일 수 있습니다.

단체보험만의 특징

공무원 맞춤형 복지제도의 복지 혜택으로 운영되는 공무원 단체보험은 공무원의 건강과 안전을 보장함으로써 직무에 전념할 수 있는 환경을 조성하기 위해 도입된 것입니다. 이 단체보험은 '필수 기본 항목'인 생명·상해보험과 '선택 기본 항목'인 의료비 보장보험으로 구성되어 있습니다. 이 의료비 보장보험이 개인 실손보험과 비교할 수 있는 포인트입니다.

학교를 통해 가입하는 단체보험만의 특징은 무엇이 있을까요? 가장 공통된 큰 특징은 첫째, 기왕증자(기존 병력 존재자)와 현증자(현재 질병 보유자) 모두가 가입이 가능하다는 것입니다. 둘째, 개인 의료실비보장보험에서 담보하지 않는 내용을 보장하기도 합니다. 임신 출산, 치과치료(비급여 일부), 한방치료(비급여 일부) 보장 등입니다. 그에 비해 장기간 치료를 요하는 질병의 경우에 실비보험에서는 1년을 넘어가면 최대 180일간 면책 기간으로 보험금을 청구할 수 없는데 매년 새로 가입하는 단체보험에는 해당되지 않기 때문에 유리합니다. 하지만 근무하는 지역마다 세부적인 보장 내용에는 차이가 있을 수 있으니 자세한 내용은 해당 사이트에서 꼭 자세히 살펴보아야 합니다.

퇴직 이후에는 실손 중지 제도를 활용하자

단체보험에도 장점이 있지만, 먼 훗날 혹시 있을 불행한 일을 대비하고 싶어서 기존의 보험을 유지하고 싶다면 실손 중지 제도를 활용할 수 있습니다. 실손보험은 두 군데서 가입을 하고 있다고 해도 혜택을 받을 때는 중복 보장이 안 됩니다.(사망이나 암 진단은 중복 보장이 가능합니다.) 그래서 단체보험에 가입할 때 실손 부분은 개인 것을 활용할 수 있게 선택할 수 있지요. 이때 실손 중지 제도를 활용하게 되면 자신의 개인 실손보험료 납입을 잠시 중지할 수 있습니다. 그러고 나서 혹시라도 교직을 그만두게 되었을 때, 다시 재개할 수도 있습니다. 기존 상품 대비 보장이 확대되는 경우를 제외하고는 심사를 진행하지 않기 때문에 어렵지 않게 재개할 수 있지요. 나이가 들어 퇴직을 했을 때도 마찬가지입니다. 개인 실손보험은 1년 이상 유지한 후에 일시중지 후 퇴직 시 재개할 수 있으며 단체 실손의료보험 종료일로부터 1개월 이내에 재개 요청이 가능합니다.

단, 주의해야 할 분들이 있습니다. 단체 실손보험에 가입이 되어 있는 상태로 치료비가 꽤 드는 질병이 생겼을 때, 치료비에 비해 실손 보장 금액의 가입 금액 한도가 너무 적게 설정되어 있어서 치료를 못 받는 상황이 혹시라도 벌어질 수 있습니다. 이런 경우는 개인 실손보험을 계속 유지하는 것이 좋습니다. 개인 실손보험의 경우 일반 손해보험이 단체보험보다 보험료는 다소 비싼 편이지만 보장되는 내용이 전반적으로 더 크기 때문입니다. 실손보험이 포함된 건강보험이 부담된다면 단독 실손보험으로도 가능하니 본인에게 맞게 알아보는 것이 가장 중요합니다.

개인 실손보험이 없는 상태로 퇴직 이후가 걱정이라면?

개인 실손보험이 없는 상태인데 나이가 들어 퇴직 이후가 걱정이라면 해결법이 있을까요?

첫 번째, 단체보험만 가입한 경우는 실손 의료보험 전환 제도를 활용할 수 있습니다. 다시 말해 단체 실손보험을 개인 실손보험으로 전환할 수 있습니다. 2018년 12월 1일부터 생명보험회사와 손해보험 회사에서 개인 실손의료보험 연계 제도를 도입했습니다. 퇴직 후 1개월 이내에 해당 단체보험 가입회사에 개인보험 전환 요청을 할 수 있고, 전환 당시 판매되고 있는 개인 실손보험 상품으로 전환이 가능합니다. 이때 직전 5년간 연속으로 단체 실손의료보험에 가입이 되어 있어야 하는 등의 해당 조건이 있으니 퇴직을 준비하기 전에 관련 제도를 찾아보아야 합니다.

두 번째, 공무원연금공단을 통해 '퇴직자 단체보험'에 가입할 수 있습니다. 공무원연금공단에서는 고령, 과거 혹은 현재의 병력 때문에 실손보험 가입이 어려운 공무원연금수급권자를 위해 2020년부터 퇴직자 단체보험을 운영하고 있습니다. 퇴직일로부터 2개월 이내에 가입할 수 있으며 당해연도에 정년, 명예, 일반 퇴직한 연금수급대상자(가족 불가)만 가입할 수 있습니다. 보장 기간은 신청 월의 다음 달 1일부터 12월 31일까지입니다. 단체보험에 가입하는 것처럼 매년 재가입*을 통해 가입 혜택을 받을 수 있으며 만 79세까지 가능합니다.

퇴직자 단체보험의 장점

무심사 가입	기왕증자(기존 병력 존재자), 현증자(현재 질병 보유자) 등 질병 이력과 관계없이 가입이 가능합니다.
신뢰성 확보	공단에서 적정한 보상을 받을 수 있는 보험사를 선정합니다.
보험료 절감	개인보험 대비 약 50% 이상 저렴한 보험료를 납부합니다.

보험료가 절감된다는 것은 그만큼 보장 범위가 넓지 않을 수 있으므로 자세한 보장 내용 및 약관은 맞춤형 복지포털 공지사항에서 확인해야 합니다.

---

* 다음 해 재가입 희망자는 전년도 12월에 재가입 신청을 해야 하며 재가입 기간을 놓치면 해지됩니다. 해지 후에는 재가입이 불가능하고, 보험 상품 선택적 가입도 불가능합니다.

해지하면 손해가
될 수 있는 보험

오래전 가입했던 보험의 혜택이 좋으니 가입을 유지하라는 이야기를 종종 들어 보셨을 겁니다. 물론 사람마다 유리한 특약사항은 다를 수 있기에 누군가에게는 그렇게까지 유용하지 않을 수 있고, 사람들이 잘 선택하지 않는 특약사항이 또 누군가에게는 필요할 수 있습니다.

본인이 가입한 보험에 다음과 같은 사항이 있는지 살펴보고 보험에 대한 고민들을 해결하는 데 도움이 되었으면 합니다.

1. 가입한 암보험 중에 갑상선암이 일반암에 포함되어 있는 경우

2007년 4월 이전에 가입한 암보험은 대체로 갑상선암이 일반암에 포함되어 암진단비 전액을 수령할 수 있습니다. 이 경우는 오늘날 소액암, 유사암으로 분류되어 있는 다른 암들도 일반암으로 포함되어 있을 것입니다.

2. 실비보험에 일반 상해의료비가 있는 경우

이와 같은 약관이 있다면, 상해로 치과나 한의원(보신용 투약 제외)에 가는 경우에도 보상이 됩니다. 진료비와 유관한 의료보조기, 재료도 보상됩니다.

가입 금액도 1사고당 한도가 적용되어 매 사고마다 적용이 되기 때문에 자기부담금이 없고 심지어 산업재해사고나 교통사고*가 났을 때도 의료비의 50%까지 보장이 됩니다.

3. 가족 일상생활 배상 책임 담보 특약 중 자기부담금이 2만 원인 경우

가족 일상생활 배상 책임 담보 특약은 본인 자신과 가족의 일상생활에서 주택의 소유, 사용, 관리 중 발생하는 사고나 일상생활 중에 우연한 사고로 벌어진 타인의 신체나 재물의 손해에 대한 배상 책임을 부담하는 특약입니다.

예를 들어 거주하고 있는 집에서 누수가 발생해 아랫집에 피해를 입힌 경우, 자전거를 타고 가다가 실수로 사람을 다치게 한 경우, 개를 산책시키는 도중에 갑자기 행인을 물어버린 경우 등 일상생활 중 누구에게나 발생할 수 있는 사고에 대해 고의가 없다면 배상금에 대한 보상을 받을 수 있습니다. 1사고당 자기부담금이 2만 원으로 설정되어 있는 경우입니다.

---

* 원래 일반 상해의료비 특약은 사고가 나서 내가 상해를 입은 경우에 그 치료비를 보장해 주는 것입니다. 그런데 예전 1세대 실손보험 중 이 특약에 가입되어 있는 경우는 국민건강보험을 적용받지 않는 자동차사고나 산업재해보상사고 등 내가 치료비를 내지 않는 사고에도 의료비의 일부 금액을 지급한다고 되어 있습니다.

4. 그 외 유용한 특약

생명보험사의 수술비 특약(2004년 이전)이 3종으로 분류되어 있는 경우, 수술비 특약 중에 레이저 백내장 수술을 같은 날에 해도 각각 보상이 되는 경우, 골절진단비 중 치아파절이 보상되는 경우, 실비보험 중에 통원 한도가 하루 50만 원이나 100만 원인 경우(MRI 촬영을 하거나 입원을 하지 않아도 보상되는 것), 암 진단이나 심혈관질환 시 납입이 면제되는 실비보험, 상해후유장해(3~100%) 시 5억이 보장되는 경우 등이 있습니다.

에필로그

적지 않은 시간 동안 많은 선생님들의 재무 설계를 도우며 개개인의 다양한 생활 방식과 그만큼 다양한 지출 유형을 엿볼 수 있었습니다. 그리고 그 다양함 속에서 교직이라는 공통점을 발견했습니다.

교사이기 때문에 가지는 돈에 대한 경험과 고민을 나누고, 해법을 찾기 위해 많은 지식을 쌓으며 나름의 지혜도 얻었습니다. 그간에 이런 논의나 정보가 체계적으로 정리되어 있지 않았기 때문에, 쌓은 결실을 그저 흘려보내지 않고 더 많은 선생님들과 나누고 싶다는 마음이 자연스럽게 생겼습니다.

매달 받는 월급 속 각종 수당의 정체, 휴직과 휴가 제도, 교직원공제회와 공무원연금공단의 활용법, 겸직 허가와 연말정산 방법 등은 교사라면 응당 알아야 할 기본 상식이지만 체계적으로 알려주는 곳이나 정리된 자료는 미비했습니다. 지식의 습득은 교사 개개인이 해결해야 할 문제였고, 정보들마저 인터넷이라는 바다에 파편처럼 흩어져 있어, 한데 모으는 것만으로도 허우적댈 수밖에 없었습니다.

이 책은 진작 정리되어야 했을 지식들을 한군데 모아 선생님들의 수고를 덜어 주고, 교직에 첫발을 내딛는 선생님들을 안내하고자 하는 마음으로 만들어졌습니다.

교직은 평생직장으로 인식되듯 다른 직종에 비해 고용 안정성이 높고 이직 비율도 낮습니다. 동일한 호봉 체계 아래에서 받는 임금만큼이나 라이프스타일도 비슷합니다. 그렇기 때문에 동료 교사들의 돈 관리 사례는 다른 교사들에게 많은 도움이 됩니다. 특히 선배 교사들의 경험은 후배 교사들이 시행착오를 줄이고 합리적인 판단과 선택을 하는 데 큰 역할을 할 수 있습니다.

이 책은 많은 선생님들의 실제 재무 상담과 재무 설계 사례를 담고 있습니다. 재무 상태를 함께 들여다보고 대화를 나누며 최선의 선택지를 발견해 나가는 동안, 안개 속에 갇힌 것처럼 뿌옇게 앞이 보이지 않았던 길을 새롭게 찾아낸 분들이 많았습니다. 재무 상담을 통해 재무 설계뿐만 아니라 미래를 위한 인생 설계의 방향도 스스로 찾은 것입니다.

자신의 재무 사례를 다른 선생님들을 위해서 기꺼이 공유해 주신 선생님들께 감사의 말씀을 드립니다. 덕분에 책의 내용이 설득력과 생기를 갖추었습니다.

교사분들이 자신에게 딱 맞는 완벽한 재무 설계를 만들어 가는 과정에서 이 책이 믿음직스럽고 튼실한 가교가 된다면 좋겠습니다. 그리고 이를 출발점으로 교사들을 위한, 교사에게 적합한 재무 설계 논의가 풍성해졌으면 합니다. 더 많은 사례와 솔루션을 나누고 다양한 소통을 이루는 과정에서 집단 지성이 자라난다면, 보다 많은 선생님들의 경제적인 결실도 따라오리라 믿습니다.

에필로그

선생님의 돈 공부

수업은 끝났고요, 재테크 중입니다

초판 1쇄 발행 • 2023년 11월 17일
초판 2쇄 발행 • 2024년 3월 8일

지은이 • 천상희, 김선, 이지예, 한수연
펴낸이 • 김종곤
편집 • 소인정, 박민영
펴낸곳 • (주)창비교육
등록 • 2014년 6월 20일 제2014-000183호
주소 • 04004 서울특별시 마포구 월드컵로12길 7
전화 • 1833-7247
팩스 • 영업 070-4838-4938 / 편집 02-6949-0953
홈페이지 • www.changbiedu.com
전자우편 • contents@changbi.com

ⓒ 천상희 김선 이지예 한수연 2023
ISBN 979-11-6570-229-8 03320